Ortrun Niethammer (Hg.)

»Wenn die Kinder artig sind...«

Zur Aktualität
des Bilderbuchklassikers »Struwwelpeter«

Daedalus

Die Ausstellung zum *Struwwelpeter* und dessen Variationen wird bisher an folgenden Orten gezeigt:

Stadtbibliothek Osnabrück,
6.7.2006-30.9.2006

Museum für Westfälische Literatur, Kulturgut Haus Nottbeck,
26.10.2006-30.1.2007

Diese Publikation wurde gefördert von

Universitätsgesellschaft Osnabrück
Stadt Osnabrück / Stadtbibliothek
Verein zur Förderung der Lese- und Sprachkultur Fantasiemobil e.V., Osnabrück
Landschaftsverband Osnabrücker Land e.V
Buchhandlung zur Heide, Osnabrück
Landkreis Osnabrück

© 2006 Daedalus-Verlag
Oderstr. 25
48145 Münster/Germany
www.daedalus-verlag.de
Alle Rechte vorbehalten.

Satz: Germano Wallmann, www.geisterwort.de
Umschlag: graphic-design-reinke, Bramsche
Druck: Thiebes, Hagen
Printed in Germany

ISBN-10: 3-89126-236-1
ISBN-13: 978-3-89126-236-8

Inhalt

Dietrich Dähn, Leihgeber der Struwwelpeter-Sammlung
    Gedanken des Sammlers 5

Ortrun Niethammer
    Einführung 7

»Struwwelpeter« heute

Beatrice le Coutre-Bick
    Der »Struwwelpeter« in der Bibliothek. Überlegungen zu einer
    projektorientierten Erschließung des Kinderbuchklassikers 11

Stephanie Scholze
    »Struwwelpeter« heute: Möglichkeiten der schulischen Vermittlung 17

Hedwig Thale
    Der »Struwwelpeter« in der kindertherapeutischen Praxis 25

Dietrich Dähn
    Zappelphillip und andere Hoffmann-Figuren in kinderärztlichen
    Journalen und anderen Publikationen 29

Melanie Braun
    »Struwwelpeter«-Generationen 33

Entstehung, Form und Varianz des »Struwwelpeter«

Ortrun Niethammer
    Dr. Heinrich Hoffmann (1809-1894): Eine biografische Skizze
    des Arztes und Kinderbuchautors 39

Hanna Dornieden
    »Ein Schreibheft mit leeren weißen Blättern?«
    Vor-Bilder des »Struwwelpeter« 49

Günther Frank
»Was soll das Kind mit solchen Fratzen...«
Zur Formanalyse des »Struwwelpeter« 63

Walter Sauer
»Struwwelpeter« regional: Mundartliche Verkleidungen
eines deutschen Kinderbuchs 71

»Struwwelpeter« im Detail

Stefan Brinkmann
»Denn der Schneider mit der Scher' / Kommt sonst ganz geschwind daher«
Zum Bild des Schneiders in der Literatur und Gesellschaft
in der Mitte des 19. Jahrhunderts 79

Anke Schayen
»Struwwelliesen« und Co ab 1850: Variationen der Mädchenbildung 87

Dorothee Räber
»Struwwelhitler« (1941) 97

Anja Schwarz
Der »Anti-Struwwelpeter« (1970) von F.K. Waechter 109

Quellenangaben 117

Bildmaterial
 1. *Struwwelpeter*. Ganzdruck. Loewes Verlag Ferdinand Carl. O.O., o.J. ... 121
 2. *Struwwelpeter*entwürfe von Heinrich Hoffmann 146
 3. *Struwwelpeter*variationen: Chronologisch 149
 4. Übersetzungen 159
 5. Vertonung 163
 6. Beispiele aus dem medizinischen Bereich 164
 7. *Struwwelpeter* kreativ – Hampelmannfiguren 167

Dietrich Dähn

Gedanken des Sammlers

Warum wird man Sammler und dann noch von einem Kinderbuch bzw. von dessen Varianten? Weil man Kindheitserinnerungen vom *Struwwelpeter* hat? Oder weil man Kinderarzt ist?
Ganz anders!

Auf der Suche nach Kinderbüchern auf Flohmärkten fiel mir auf, wie häufig sich der *Struwwelpeter* unter alten Kinderbüchern findet. Dies in großen und kleinen Formaten – z.B. Pixibuch – in Dick, in Dünn, in Alt, in Neu und bei weiterer Suche in Mundarten oder anderen Sprachen und sonstigen Variationen. Wenn man dann größeres Interesse bekommt sieht man auch *Struwwelpeter*-Zinnfiguren, erzgebirgische Figuren, die sich auf die Geschichten des *Struwwelpeter* beziehen, Spiele, Schallplatten und CDs, aber auch Struwwelpetriaden wie *Struwwelchen*, *Struwwelliese*, *Struwwelpetra* usw. Daran merkt man, wie lebendig dies Buch ist, das 1844 handgeschrieben und gezeichnet, 1845 mehr oder minder zufällig veröffentlicht worden ist.

Und wie verbreitet und lebendig der *Struwwelpeter* bis heute ist, zeigt ein Erlebnis in einem australischen Buchladen in Melbourne: Auf die Frage nach dem *Struwwelpeter* bedauerte man sehr, dass er nicht vorrätig sei. Man schickte mich aber weiter zu einem internationalen Buchladen. Dort will man mir einen deutschsprachigen *Struwwelpeter* mit englischer Übersetzung verkaufen. Ich wollte aber gerne einen englischen, möglichst australischen. So werde ich noch einmal weiter geschickt und »schon« im dritten Buchladen bekomme ich einen englischen *Struwwelpeter*. Gedruckt ist diese Ausgabe 2003 in Singapur und wurde von mir am 05.10.2005 um 14 Uhr in Melbourne erworben. Der Geschäftsleiter sagte mir, dass sie den *Struwwelpeter* immer vorrätig hätten. Von diesem englischen *Struwwelpeter* gibt es eine mini »hardback«, eine normalgroße »hardback« und eine »paperback« Ausgabe.

Und das auf der südlichen Erdhemisphäre, 150 Jahre nach der ersten Drucklegung. – Es ist schon faszinierend!

Ortrun Niethammer

Einführung

Die Geschichte vom *Struwwelpeter*, 1844 von Dr. Heinrich Hoffmann in Frankfurt/M. für seinen Sohn als Weihnachtsgeschenk verfasst, kommt 1845 als Buch heraus und hatte bis in die 60er Jahre des 20. Jahrhunderts einen grandiosen Erfolg. Neben Grimms *Märchen* und *Max und Moritz* von Wilhelm Busch gehören der Struwwelpeter, die zündelnde Pauline, der Suppenkaspar und der fliegende Robert zu den erfolgreichsten und für kleinere Kinder oft angstauslösenden Bilderbüchern. *Struwwelpeter* ist in viele Dialekte und Sprachen übersetzt. Das Buch findet sich in Europa, Japan genauso wie in Indien und war in den Jahren des Zweiten Weltkrieges immer wieder Anlass, die Deutschen ironisch zu charakterisieren.

Für die Nach-68er-Generationen wird der *Struwwelpeter* einerseits zum Beispiel autoritärer und gewaltsamer Erziehung, andererseits zum abgelegten historischen Kinderbuch. Die Kunstbuch-Editionen verkauften sich besser als die Kinderbücher. Seit den 70er Jahren ging zudem die Kenntnis über den Struwwelpeter merklich zurück bzw. die antiautoritäre Elterngeneration bezog F.K. Wächters *Anti-Struwwelpeter* zur eigenen Orientierung. In den letzten Jahre aber, vor dem Hintergrund eines deutlicheren Erziehungswillens, wird der *Struwwelpeter* wieder von Eltern und Lehrern in den Grundschulen problematisiert und erneut als Erziehungsmaxime zur Diskussion gestellt.

Aber auch über andere Zusammenhänge nimmt *Struwwelpeter* wieder Platz in unserem kulturellen Leben: das Zappelphillip-, das AD(H)S-Syndrom von Kindern mit Aufmerksamkeitsdefiziten, die Paulinchen-Hotline für Verbrennungen im Kindesalter, der Suppenkaspar, der sich wie Bulimiekranke ins frühe Grab hungert, werden Sinnbilder für kindliche Krankheitsformen und beziehen sich in der Namengebung auf die zugespitzten Zeichnungen Heinrich Hoffmanns.

Im Katalog werden folgende Aspekte betont: in den aktuellen Fragestellungen – *Struwwelpeter* heute – wird gefragt, auf welchem Weg der *Struwwelpeter* vermittelt werden kann und welche didaktischen Überlegungen sich für Bibliotheken und Kindergärten anbieten (Beatrice Le Coutre-Bick). Ausgangspunkt dafür war die Initiative des Fantasiemobils e.V., die ein Literaturprojekt für die Schule: »*Struwwelpeter* und *Zappelphilipp* – aktueller denn je?« vorgeschlagen hat (Stefanie Scholze). Erweitert wird diese Fragestellung durch eine Kinder- und Jugendlichen-Psychotherapeutin, die aus ihrer Praxis im Umgang mit dem *Struwwelpeter* berichtet (Hedwig Thale). Ebenfalls wird ein kurzer Einblick in das medizinische Vokabular gegeben, das sich auf die Figuren bezieht (Dietrich Dähn). Auch die Generationenfrage wird gestellt, welche Generation erinnert sich warum und wie an welche Geschichten? (Melanie Braun)

In der stärker historischen Abteilung des Kataloges – Entstehung, Form und Varianz des *Struwwelpeter* – werden bestimmte Vorbilder und Varianten diskutiert. Nach einer biografischen Skizze des Neurologen Dr. Heinrich Hoffmann (Ortrun Niethammer) wird nach den Vorbildern des *Struwwelpeter* (Hanna Dornieden) und nach den einfachen Formen von Text und Bild (Günther Frank) gefragt. Eine Darstellung der verschiedenen Dialekte (Walter Sauer), in denen der *Struwwelpeter* z.T. auch parodistisch bearbeitet worden ist, beschließt diese Abteilung.

Struwwelpeter im Detail stellt Themen und Diskussion vor, die aus dem politischen Umfeld der Karikatur kommen. Der *Struwwelhitler* von 1941 (Dorothee Räber) und der *Anti-Struwwelpeter* von 1970 (Anja Schwarz) zeigen Ausschnitte aus der Variationsbreite der Parodien. Das Motiv des Schneiders wird auch im Zusammenhang der Szenen Wilhelm Buschs diskutiert und in den Kontext des politischen Arztes gestellt (Stefan Brinkmann). Die *Struwwelliesen* ab 1850 informieren, nach welchen Mustern die Mädchen erzogen werden sollten (Anke Schayen).

Dieser Katalog ist im Zusammenhang eines Seminars an der Universität Osnabrück im Winter 2005/2006 entstanden. Ich war erstaunt, wie produktiv und interessiert die Studierenden (Melanie Braun, Stefan Brinkmann, Hanna Dornieden, Dorothee Räber, Anke Schayen, Anja Schwarz) mit der schlichten Vorlage des *Struwwelpeter* umgegangen sind. Die 20-25jährigen kannten den *Struwwelpeter* nur z.T., hatten aber Mütter und Väter, die ihnen mehr oder minder darüber berichten konnten. Der Sammler (Dietrich Dähn), Kollegen aus der Stadtbibliothek (Beatrice le Coutre-Bick, Stephanie Scholze), Freunde (Günther Frank, Hedwig Thale) und Walter Sauer, der Vorsitzende des »Freundeskreises des Heinrich-Hoffmann-Museum« in Frankfurt, haben diesen Katalog ergänzt. Ich danke an dieser Stelle auch dem Heinrich-Hoffmann-Museum in Frankfurt/M. (Beate Zekorn-von Bebenburg), wo ich einen ersten entschiedenen Einblick in die Materialfülle bekam, die mit diesem Kinderbuch zusammenhängt.

Wir wünschen allen erwachsenen Betrachtern der Ausstellung und Lesern des Kataloges Freude beim Wiederentdecken eigener kindlicher Lustschauer und den Kindern hinreichend Distanz zum daumenabschneidenden Schneiderwesen.

»Struwwelpeter« heute

Beatrice le Coutre-Bick

Der »Struwwelpeter« in der Bibliothek.
Überlegungen zu einer projektorientierten Erschließung
des Kinderbuchklassikers

In der Ausleihstatistik der Stadtbibliothek Osnabrück tut sich der *Struwwelpeter* zwar nicht als »Bestseller« hervor, andererseits verstaubt dieser über 150 Jahre alte »Weltklassiker« der Kinderliteratur bis heute keineswegs im Regal.
Das wegen der von vielen als schonungslos empfundenen Darstellung einer alles andere als idyllisierten Kinderwelt provozierende Buch findet noch immer seine Leser, was auch die auf dem Buchmarkt erscheinenden aktuellen Neuauflagen und die unterschiedlichsten Ausgaben und Bearbeitungen sowie die zahlreichen Übersetzungen in europäische und außereuropäische Sprachen beweisen (z.B. der *Anti-Struwwelpeter* von Wächter, Hörbücher, Theaterbearbeitungen, die »Europa«-Ausgabe)[1]. Die Anziehungskraft der »lustigen Geschichten und drolligen Bilder für Kinder von 3 – 6 Jahren« (Zitat Buchtitel Hoffmann[2]) – die häufig als wenig lustig und drollig empfunden werden – ist offenbar bis heute ungebrochen, und zwar unabhängig sowohl vom zeithistorischen Kontext als auch von regionalen Gegebenheiten.

Der Wirkung von Märchen ähnlich, üben die zum Teil schonungslos schaurigen Geschichten gerade in ihrer unheimlichen, provozierenden und zum Teil beängstigenden Darstellung auf Kinder eine große Faszination aus. Die Tabu-brechende Darstellung von durch Schmerz und Gewalt geprägten Szenen aus dem alltäglichen Familienleben trifft offenbar auf eine kindliche Wahrnehmung, die sich von der der Erwachsenen unterscheidet. Entgegen den nicht seltenen erzieherischen Bedenken begegnet der *Struwwelpeter* möglicherweise einem Bedürfnis der Kinder, gerade Schreckliches, Überraschendes oder mit Schmerzen Verbundenes aus ihrem eigenen Lebensumfeld nicht zu unterdrücken, sondern durch Erzählen zu kanalisieren. Probleme wie Angst, Gewalt und Aggression sind heute für viele Kinder, nicht nur aus sozialen Randgruppen, bereits im frühen Alter Teil ihrer realen Lebenssituation,

---

1 Friedrich Karl Waechter: *Der Anti-Struwwelpeter*. Zürich: Diogenes, 1982; *Der Euro-Struwwelpeter in 10 Sprachen*. Hg. von Walter Sauer. Neckarsteinach: Edition Tintenfass, [2]2004; Josef Bierbichler und die Devil's Rubato Band: *Der Struwwelpeter* [Musikbearbeitung]. Düsseldorf: Patmos, 1999.
2 Dr. Heinrich Hoffmann, *Der Struwwelpeter*. Frankfurter Originalausgabe. o.O.: Loewe Verlag, o.J.

unter der sie leiden und der sie sich stellen müssen. Eine Tabuisierung oder Verniedlichung bestimmter Themen als vermeintliche Schonung kommt einer Verdrängung der kindlichen Realität gleich. Die Darstellung einer »gefährlichen« Welt, die für die Kinder durch die karikierende zeichnerische Darstellung als Fiktion erkennbar und deshalb nicht unmittelbar als Bedrohung empfunden wird, fordert zu einem Gewinn an Selbständigkeit und zur Ausbildung von moralischen Konzepten und Lebensbewältigungsstrategien heraus und fördert somit die Ausbildung von sozialen Kompetenzen. Allein die Figur des Struwwelpeter mit ihrer wilden Haartracht und

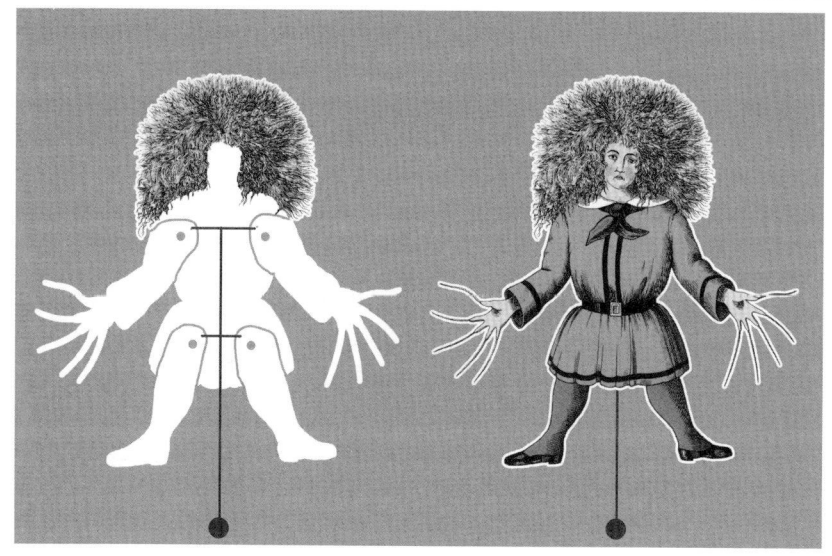

den überlangen Fingernägeln sprengt die gesellschaftliche Norm und verlangt nach kritischer Auseinandersetzung mit dem gesellschaftlichen Regelkodex, pädagogischen Leitbildern und Verhaltensmodellen sowie nach spielerischem Mit-, Voraus-, und Nachdenken.

Wenn auch nur für reifere Jugendliche und Erwachsene, so ist in diesem Zusammenhang der satirische *Anti-Struwwelpeter* von F.K. Waechter besonders interessant: Dem im Original-*Struwwelpeter* propagierten Bild der bürgerlichen Familie als moralischer Institution, die durch reglementierende Wohlverhaltensforderungen und strafende Restriktionen auf eine Einordnung in die Erwachsenenwelt zielt – u.a. durch Warnung vor reellen Gefahren (Feuer-Paulinchen) und Unaufmerksamkeit (*Hans guck in die Luft*) –, zeichnet Waechter ein nicht minder provozierendes, antiautoritäres Gegenbild, in dem (nicht nur) Kinder ihr eigenes Selbst frei entfalten und der Erwachsenenwelt gegenüberstellen können.

Kurz und gut – allein die Darstellung der Struwwelpeter-Figur bietet sich durch ihre plakative Provokation dazu an, die Fähigkeit von Kindern zu Empathie, Identifikation und Distanzierung zu fördern. Somit erfüllt der *Struwwelpeter* die von der modernen Literaturdidaktik geforderte pädagogisch-didaktische Relevanz des Bilderbuches. Die Geschichten sprechen eine keinesfalls zeitgebundene, sondern allgemein gültige kindliche Erfahrungswelt an und fordern gleichzeitig zur Reflexion über den Wertekanon der Gesellschaft auf. Vor diesem Hintergrund bietet der Umgang mit dem Buch die Möglichkeit, unterschiedliche Kompetenzen von Kindern und Jugendlichen zu fördern. Dazu gehören neben der emotionalen Kompetenz, d.h. dem Umgang mit den eigenen Gefühlen und Empfindungen sowie der Fähigkeit, sich in Unbekanntes hineinzudenken, auch die Fähigkeit, den eigenen begrenzten Lebenshorizont zu übersteigen und zur gegebenen Lebenssituation alternative Entwürfe zu entwickeln. Auch zur Förderung der kreativen Kompetenz bietet der *Struwwelpeter* zahlreiche Ansatzmöglichkeiten, die im Folgenden umrissen werden sollen.

Die in den Episoden des Buches angesprochenen Themen – elterliche Disziplin, Ungehorsam, Strafe – entsprechen dem Erfahrungshorizont der Kinder und konfrontieren sie mit ihnen vertrauten Situationen und Gefühlen. Neben diesen thematischen Zugangswegen bieten sowohl die farbenfroh gestalteten, leicht karikierenden Bildszenarien als auch die begleitenden kompakten Reimverse mit ihrem eingängigen, melodischen Sprachrhythmus ein umfangreiches Anregungspotential für eine kreative Auseinandersetzung mit dem *Struwwelpeter*. Das Buch eröffnet also vielseitige Anknüpfungsmöglichkeiten sowohl für kognitiv ausgerichtete Sprech- und Gesprächsaktivitäten als auch für verschiedene handlungs- und produktionsorientierte Vermittlungsformen, so dass ganz unterschiedliche Fähigkeiten und Talente von Kinder und Jugendlichen angesprochen werden können. Aus diesen Gründen eignet sich der *Struwwelpeter* – wie durch den Autor bereits im Untertitel des Buches explizit vorgeschlagen – bereits »für Kinder von 3 – 6 Jahren«, also für Kinder im Vorschulalter oder auch für Kinder, die die deutsche Sprache nur eingeschränkt beherrschen.

Vor diesem Hintergrund bieten sich im Einzelnen die folgenden Erarbeitungsansätze und Projektideen an, wobei zunächst eine wichtige logistische Grundvoraussetzung angesprochen werden muss: Für eine Erfolg versprechende Vermittlung von Literatur im Rahmen einer Kinder- und Jugendbibliothek bedarf es eines geeigneten Raumes, der sich vor allem durch Ruhe und Ungestörtheit auszeichnen sollte. Falls kein abgeschlossener Raum vorhanden ist, sollten Projekte in der Bibliothek deshalb außerhalb der Öffnungszeiten stattfinden. Außerdem sollten akustische und optische Störfaktoren wie Telefon oder andere elektronische Geräte gemieden werden. Allzu zeitlich aufwändige und komplexe Aktivitäten sollten bei Projekten mit Kindern im Vorschulalter vermieden werden, um der begrenzten Konzentrationsfähigkeit in diesem Alter Rechnung zu tragen.

Erarbeitungsansätze und Projektideen (mit steigender Komplexität)

1. Bastel- und/oder Malbogen bearbeiten, z.B. einen Struwwelpeter-Hampelmann bzw. eine Struwwelliese-Hampelfrau (siehe Bildbeispiel S. 12) oder ein Struwwelpeter-Memory Spiel basteln und ausmalen. Hierbei erfolgt der Zugang zum Text nicht rein kognitiv, sondern musische und handwerkliche Fähigkeiten der Kinder werden angesprochen und geübt.

2. Bilderbuch-Kino: Eine Betrachtung der Bilder – mittels Diaprojektor oder Beamer – mit begleitendem Vorlesen oder Gespräch und Vertiefungsfragen schafft Impulse und Anregungen zum Sprechen (»bei mir war's genauso...«), vor allem in Verbindung mit der nachfolgenden Zugangsmethode.

3. Fokussieren der Aufmerksamkeit durch Konzentration auf ausgewählte Bilder: Die Aufmerksamkeit der Betrachter wird durch diese didaktische Reduktion gezielt auf einzelne Themenaspekte gelenkt. Gleichzeitig wird das genaue Betrachten und Beobachten geübt.

4. Überschriften für einzelne Bilder finden

5. Kontrastierende Bildvergleiche: Als Untersuchungs- und Diskussionsgrundlage werden die Bilder des Buches Abbildungen aus anderen Bilderbüchern, Gemälden oder (aktuellen) Fotos gegenübergestellt. Dies ist eine gute Möglichkeit, um die im *Struwwelpeter* dargestellten Episoden mit der Lebensrealität der Kinder zu vergleichen bzw. ihr gegenüberzustellen.

6. Bildsequenzen in die richtige Reihenfolge bringen (eine gute Möglichkeit, um zu testen, ob die Kinder den Text richtig erfasst haben)

7. Sprech- und Gedankenblasen ausfüllen

8. Geschichten weitererzählen (fördert u.a. die Gedankenführung und kreative Sprachgestaltung)

9. Rollenspiele, in denen die kurzen und wenig komplexen Handlungssequenzen der Bildergeschichten szenisch umgesetzt werden. Das Spektrum reicht hierbei vom spontanen Nachspielen einzelner Situationen oder Episoden bis zum Erarbeiten einer kleinen Theateraufführung mit Kostümen und Requisiten. Das Schlüpfen in unterschiedliche Rollen lässt die Kinder die Figuren der Geschichten unmittelbar »erfahren« und fördert die Fähigkeit, sich in einen anderen Menschen hineinzuversetzen.

10. Einsatz einer vorbereiteten Requisitenkiste mit symbolischen Dingen (Nagelschere, Teller, Kamm, Streichhölzer, usw.), z.B. als Anlass, über einzelnen Geschichten zu sprechen oder Rollenspiele durchzuführen. Als Variante können die Kinder eine eigene Requisitenkiste (z.B. in Form eines Schuhkartons) einzeln oder in Kleingruppen füllen und den anderen Kindern vorstellen.

11. Verhaltensreflexion: den Blick der Kinder auf sich selbst lenken, z.B. auf problematische Verhaltensweisen (Trödelei, Unpünktlichkeit, Unordnung, Aggressivität, Rücksichtslosigkeit, ...), und erstrebenswerte »Verhaltensregeln« bzw. einen Wertekatalog gemeinsam mit den Kindern entwerfen und illustrieren.

12. Erstellen einer Bücherkiste mit weiterem Bücher- und Medienangebot zu vergleichbaren bzw. ergänzenden Themenbereichen zum Stöbern und Schmökern.

Die oben aufgeführten Überlegungen und Ansätze methodischer Erschließungsmöglichkeiten des *Struwwelpeter* zeigen zum einen, dass nicht nur die Neuerscheinungen unter den Kinderbüchern für eine auf die Bedürfnisse heutiger Kinder abgestimmte Literaturvermittlung taugen, sondern dass auch ein älterer – in diesem Fall sogar durchaus umstrittener – Kinderbuch-»Klassiker« höchst aktuelle Aussagen enthalten und ein breites Anregungspotential bieten kann. Sie zeigen zum anderen, dass didaktische Relevanz und ein eher spielerisch-kreativer Umgang mit Büchern keinen Widerspruch darstellen müssen. Beider Kombination erscheint um so geglückter, wenn es auf diese Weise gelingt, die Neugier der Kinder auf Bücher zu wecken und nachhaltig Lust auf Lesen zu machen. Wünschenswert wäre es in diesem Zusammenhang auch, Kooperationsformen der Bibliothek mit Kindertagesstätten, Schulen und anderen Bildungseinrichtungen zu entwickeln.

Stephanie Scholze

»Struwwelpeter« heute: Möglichkeiten der schulischen Vermittlung

1 Für und Wider den »Struwwelpeter«

In der Planungsphase des Literaturprojekts: »*Struwwelpeter* und *Zappelphilipp* – aktueller denn je?« war ich erstaunt über die große Anzahl zweifelnder oder sogar ablehnender Stimmen der Pädagogen und Eltern gegenüber dem *Struwwelpeter* als Bilderbuch und/oder Lesestoff für Kinder. Auf die Frage nach den Gründen fällt immer wieder der Begriff der »Prügelpädagogik« und es herrscht Einigkeit darüber, dass derartige Horrorszenarien, wie die Schicksale des Daumenlutschers und Paulinchens die Kinder verängstigen, wenn nicht sogar traumatisieren würden. Auch als der *Struwwelpeter* erstmals Mitte des 19. Jahrhunderts erschien war die Diskussion kontrovers. Allerdings wurde damals befürchtet die Bildergeschichten des *Struwwelpeter* würden die vorherrschende Moral untergraben. Es würden Scherze und Späße über kindliches Fehlverhalten gemacht, die einerseits die Erwachsenen lächerlich machen und andererseits Kinder zur Nachahmung anregen würden. Befürworter sahen genau in diesem Gegensatz den Reiz zwischen Besserungsgeschichten als Erziehungsmittel und der Verknüpfung mit Übertreibung, Satire und den »drolligen Bildern«.

Während meiner Arbeit mit Kindern im Alter zwischen 4 und 12 Jahren war auffällig, dass fast zwei Drittel der Kinder den *Struwwelpeter* gar nicht oder nur als Begriff kannten, evtl. noch als Buch, dass bei den Großeltern im Regal steht. Das übrige Drittel kannte die Geschichten gut, wobei eine interne Favoritenauswahl ergab, dass das *Paulinchen*, der *Daumenlutscher* und der *Suppenkaspar* die reizvollsten Figuren waren.

Durch die eingehende Beschäftigung mit dem Literaturprojekt: »*Struwwelpeter* und *Zappelphilipp* – aktueller denn je?« bin ich zu dem Schluss gekommen, dass der *Struwwelpeter* in der Schule er- und bearbeitet werden sollte. Er ist nicht nur ein Longseller mit Weltruhm, sondern eine Sitten- und Kulturgeschichte des Biedermeiers, ein faszinierendes Spiegelbild der damaligen Einstellung zu Kindern und deren Erziehung. Und darüber hinaus sind die angesprochenen kindlichen Verhaltensweisen keinesfalls veraltet, denn nach wie vor suchen Eltern u.a. Erziehungshilfen bei daumenlutschenden, zündelnden oder schlecht essenden Kindern.

2 Der »Struwwelpeter« in der Schule

»Lassen wir sie also herein in unsere Schule: den garst'gen Struwwelpeter, den bösen Friedrich und sein armes Gretchen, das bedauernswerte Paulinchen, den Mohren, die schwarzen Buben und den Nikolaus, den wilden Jäger und den schlauen Hasen, den daumenamputierten Konrad und den amputierenden Schneider, den verhungernden Suppen-Kaspar, den zappelnden Philipp und seine entsetzten Eltern, den patschnassen und erbärmlich frierenden Hans und schließlich den für alle Zeiten verschollenen Robert.«[1]

2.1 Annäherung an die Zielgruppe

Die Frage nach dem frühestmöglichen Einsatz des *Struwwelpeter* in der Schule soll der folgende Gedankengang beantworten: Der *Struwwelpeter* ist ein Spiegelbild vergangener Zeiten, gleichzeitig eine teilweise sehr erschreckende, bedrohliche Beschreibung dessen, was unartigen Kindern widerfahren kann. Besonders traumatisierend wirken hier die Geschichten von der rigiden Bestrafung des Daumenlutschers und dem Tod des zündelnden Paulinchens. Kindern im »Daumenlutscher-Alter« sollte man deshalb diese Geschichten ersparen. Darüber hinaus ist es für das weitergehende Verständnis der Kinder sehr hilfreich, wenn sie in der Lage sind, sich mithilfe verschiedener Unterrichtsangebote in die damalige Zeit hineinzuversetzen. Die ideale Zielgruppe, mit der man den gesamten *Struwwelpeter* erarbeiten könnte, ist demnach älter als sieben Jahre und sollte den Leselehrgang abgeschlossen haben, denn das vereinfacht den Unterricht bzw. begünstigt das Verhältnis zwischen Unterrichtsaufwand und Lernzuwachs; ab der dritten Klasse sollten die Grundschüler bereit sein für den hartnäckig trotzenden *Struwwelpeter* und dessen Freunde.

Lernziel dieser Unterrichtseinheit ist es, die Kinder mit so einem »alten« Bilderbuch vertraut zu machen und sie herausfinden zu lassen, dass es damals wie heute ähnliche Erziehungsprobleme gegeben hat. Weiterhin sollen sie erkennen, dass die Vorstellung von »guter Erziehung« sich über die Zeit verändert hat, dass die Methoden sich gewandelt haben. Hierzu sollen sie die damalige Zeit kennen lernen, sich mit dem Autoren und der Werksgeschichte des *Struwwelpeter* auseinandersetzen.

---

1 Klaus Sauerbeck: *»Struwwelpeter« für die Schule. Möglichkeiten der praktischen Behandlung im täglichen Unterricht, im Planspiel, im Projekt.* Donauwörth: Auer, 2004.

2.2 Unterrichtsgestaltung mit dem »Struwwelpeter«

Im Folgenden sollen verschiedene Möglichkeiten der praktischen Behandlung des *Struwwelpeter* im täglichen Unterricht vorgestellt werden. Je nach Zielgruppe müssen entsprechende Differenzierungen und/oder didaktische Reduktionen vorgenommen werden. Sauerbeck macht in seinem *Struwwelpeter für die Schule* konkrete Vorschläge für die Umsetzung, indem er ein Projekt (*Struwwelpeter*- oder Heinrich-Hoffmann-Tag) und ein Planspiel (Gerichtsverhandlung in Sachen *Struwwelpeter* und Co) entwirft. Während das von ihm vorgestellte Projekt evtl. schon mit Schülern der Jahrgangsstufe 4 durchführbar ist, wird Sauerbecks Planspiel eher eine methodische Möglichkeit für die Stufen 5-9 sein. Dementsprechend wendet sich die folgende Ideensammlung unterrichtsgestaltender Elemente auch schon an jüngere Kinder ab der dritten Klasse. Die Elemente a-g sind für Lehrer selbstverständlich und dienen der Einführung in die *Struwwelpeter*-Einheit und sollen die Kinder, soweit notwendig mit den Inhalten der einzelnen Geschichten vertraut machen bzw. diese wieder ins Bewusstsein zurückrufen. Die Vorschläge h-k sind Zusatzangebote zur spielerischen Absicherung des Gelernten.

Unterrichtsgestaltende Elemente – eine Ideensammlung:

a) Betrachtung der einzelnen *Struwwelpeter*-Bildgeschichten (ohne Texte) und anschließendes Nacherzählen der Geschichten mit eigenen Worten: Einstiegsmöglichkeit zur Erfassung des Kenntnisstandes der Zielgruppe

b) Lesen/Vorlesen der *Struwwelpeter*-Geschichten: Je nach Klassenstärke werden die zehn einzelnen Geschichten an Paare oder Kleingruppen verteilt, still gelesen und sich anschließend gegenseitig vorgelesen. Jeweils ein Kind aus der Gruppe wird ausgewählt, die Geschichte der Klasse vorzulesen. Zur Vertiefung mag eine Aufgabe gestellt werden, in der einzelne Bilder den unterschiedlichen Geschichten zugeordnet werden müssen.

c) Geheime Wahl der Favoriten/Aufstellung einer Rangliste und Auswertung: Welche Gestalt im *Struwwelpeter* beeindruckt die Kinder am nachhaltigsten und Diskussionen darüber.

d) Deutung der Geschichten: Die Kinder sollen die »Moral von der Geschicht« erarbeiten und formulieren sowie erkennen, dass es sich bei den beschriebenen »Ungezogenheiten« durchaus um heute noch existierende Erziehungsprobleme handelt (u.a. mangelnde Körperhygiene, Ausleben von Aggressionen, das Spiel mit dem Feuer, Essstörungen oder dauernde »Mäkelei«). Hier anschließen könnte sich ein Gespräch über heutige Erziehungsmethoden (»Was machen Deine Eltern, wenn du beim Essen nicht still sitzt?« etc.), mit der Überleitung zur damaligen Zeit und den damaligen Vorstellungen über ein »gutes Kind«.

e) Biografie des Dr. H. Hoffmann: Die Präsentation des Lebenslaufs von Dr. Heinrich Hoffmann sollte mit viel Bildmaterial angereichert werden. Den Kindern soll nachhaltig vor Augen geführt werden, dass Hoffmann einerseits in einer anderen Zeit gelebt hat (Verknüpfung mit dem Blick auf das Leben im 19. Jahrhundert), und dass er andererseits als Arzt oft kranke Kinder behandeln musste, deren Erkrankungen vermeidbar gewesen wären. Beispielsweise Kinder, die u.a. unter Mangelerkrankungen litten (Armut, schlechte und/oder zu einseitige Ernährung → *Suppen-Kaspar*) oder sich durch mangelnde Hygiene mit gefährlichen Krankheitserregern infizierten (keine Kanalisation, Straße als Spielplatz der Kinder, keine Antibiotika, Daumenlutschen konnte tödlich sein), aber auch die Tatsache, dass das Zündeln damals (leicht entzündliche Phosphorhölzchen in Holzhäusern) folgenreicher war als heute.

f) Das Leben im 19. Jahrhundert: sollte in Verbindung mit der Biografie Hoffmanns behandelt werden (s. o.).

g) Entstehung und Entwicklung des *Struwwelpeter*: Hier soll den Kindern wieder ein Stück Persönlichkeit Hoffmanns näher gebracht werden. Es bietet sich an, den Fragen nachzugehen: »Warum schrieb Hoffmann den *Struwwelpeter*?« (Weihnachtsgeschenk für seinen Sohn Carl, für den er kein passendes Bilderbuch in den Geschäften fand) und »Wie kam es zur Veröffentlichung des *Struwwelpeter*?« (Freunde drängten Hoffmann zur Veröffentlichung).

h) Hörspiel: Mithilfe einfacher Materialien (Computer, externes Mikrofon, Papprollen, Teelöffel...) werden ausgewählte *Struwwelpeter*geschichten vertont. Besonders gut eignet sich beispielsweise die Geschichte vom *bösen Friedrich* [eine Sprechrolle: Erzähler; umstürzende Stühle, jammernde Katzen, Peitsche, weinendes Gretchen, wassertrinkender Hund, heulender Hund, schreiender und weinender Friedrich ...] oder *Die gar traurige Geschichte mit dem Feuerzeug* [vier Sprechrollen: Erzähler, Paulinchen, Minz und Maunz, die Katzen; tanzendes, springendes, singendes Paulinchen, Anreißen eines Streichholzes, knisterndes Feuer ...].

Anleitungen und Hilfestellungen finden Lehrer in der Geräuschewerkstatt *Zu Geschichten Geräusche machen*.[2]

Auch das *Struwwelpeter*lied (es gibt verschiedene Vertonungen s. Sauerbeck), selbst gedichtete *Struwwelpeter*geschichten, mundartliche oder fremdsprachige *Struwwelpeter*geschichten können hier zum Einsatz gebracht werden.

i) Szenisches Spiel: Ein Tag im Leben Heinrich Hoffmanns: Hier haben die Kinder sehr viel Spielraum bei der Auswahl der darzustellenden Szenen, die sowohl das Leben Hoffmanns und die Entstehung des *Struwwelpeter* als auch die damalige Zeit zeigen können. Zum Beispiel könnten Schlüsselszenen eines Arbeitstags von Hoffmann Ende des Jahres 1844 die Folgenden sein:

- Frühstück im Kreise seiner Familie, Sohn Carl (3) zappelt auf seinem Stuhl herum und wird ermahnt, Baby Antonie liegt in der Wiege
- Hoffmann macht Krankenbesuche u.a. bei Kindern, die er durch seine Bildchen und Geschichten beruhigt. Die Menschen, die er besucht, sind arm, haben nur eine dünne Suppe auf dem Tisch, die den Kindern nicht schmeckt, die sie aber essen müssen, um zu überleben
- Auf der Straße spielen die Kinder, auch die kleinsten Daumenlutscher; ungewaschen, schmutzig, teilweise krank
- Nachmittags macht er sich auf die Suche nach einem Weihnachtsgeschenk für Carl, findet kein passendes Bilderbuch und kauft schließlich nur ein leeres Schreibheft
- Abends beginnt er seine *Struwwelpeter*-Geschichten in das Heft zu schreiben. Während er nachdenklich schreibend am Tisch sitzt, entstehen seine Figuren (Möglichkeit, evtl. einzelne Geschichten nachzuspielen)

---

2   Hans Cybinski, Christian Neugebauer, Franziska Schiller: *Zu Geschichten Geräusche machen*. Donauwörth: Auer, 2003.

j) Würfelspiel: »*Struwwelpeter* – wer kennt sich aus?« Im Rahmen einer längeren *Struwwelpeter*-Einheit bietet es sich an mit den Kindern gemeinsam das Würfelspiel zu erarbeiten und herzustellen. Die Kinder können hier noch sehr viele eigene kreative Ideen einbringen, die folgende Spielbeschreibung soll lediglich ein Vorschlag, eine Anregung sein. Als Spielplan kann eine helle A3-Kopie der *Struwwelpeter*-Figur dienen (soll nur Hintergrund sein), Start-, Spiel- und Zielfelder werden entweder aufgezeichnet oder durch selbstklebende Etiketten auf dem Spielplan angebracht. Es sollte ca. 30 Spielfelder geben, auf denen sich die Spieler unverzögert vorwärtswürfeln können. Zusätzlich werden im Abstand von 3-4 Spielfeldern ca. 10 so genannte Quizfelder eingefügt. Kommt ein Spieler auf ein solches Quizfeld, wird ihm von seinem Nachbarn eine Quizfrage zum *Struwwelpeter* gestellt. Beantwortet der Spieler die Frage richtig (Kontrolle durch den Fragensteller) darf er zwei Felder weiter ziehen. Die ca. 20 Quizfragen werden auf kleine Pappkärtchen geschrieben, mit der jeweils richtigen Antwort versehen und verdeckt als Quizfragenstapel neben das Spiel gelegt. Zu beantwortende Fragen wären entweder den Geschichten selbst zu entnehmen, wie beispielsweise: »Wie hießen die Katzen von Paulinchen?« – Antwort: »Minz und Maunz«, »Wodurch wird der böse Friedrich bestraft?« – Antwort: »Ein Hund beißt ihn ins Bein« oder aus der Biografie Hoffmanns zum Beispiel: »Wie alt war sein Sohn, als er den *Struwwelpeter* zu Weihnachten bekam?« – Antwort: »Carl war drei Jahre alt.«, »Welchen Beruf hatte Heinrich Hoffmann?« – Antwort: »Arzt«. Zu Beginn jedes Spieles werden die Fragen neu gemischt und müssen dann in dieser Reihenfolge beantwortet werden. Hinsichtlich der Spielregeln gibt es verschiedene Variationsmöglichkeiten, Ziel des Spiels soll sein, durch möglichst viele richtig beantwortete Quizfragen schnell das Zielfeld zu erreichen. Das Würfel-Spiel lässt sich gut mit 2-4 Kindern spielen und dauert ca. 20 Minuten.

3 *Zu guter Letzt*

Seit mehr als 150 Jahren beschäftigt der *Struwwelpeter* u. a. Kinder, Eltern, Lehrer, Psychologen und Literaturwissenschaftler. Während man sich über seine Auswirkungen auf die von Hoffmann angesprochene Zielgruppe der drei- bis sechsjährigen uneinig ist: Horrorszenario oder märchenhaftes, schönes Schaudern, lässt sich sein Erfolg nicht von der Hand weisen. Der *Struwwelpeter* ist eines der ältesten immer noch international neu-aufgelegten und gelesenen Bilderbücher. Sicher ist auch, dass die Zeiten des Daumen-abschneidenden Schneiders vorbei sind und wir Eltern und Lehrer die Geschichten von Heinrich Hoffmann nicht mehr als Erziehungsmittel einsetzen werden. Also sollten wir den *Struwwelpeter* als das sehen und nutzen, was er ist: ein Zeugnis vergangener Tage, das unseren Kindern die Veränderungen in der Einstellung zu Kindern und derer Erziehung näher bringen kann – und das manchmal mit märchenhaftem Schaudern.

Hedwig Thale

Der »Struwwelpeter« in der kindertherapeutischen Praxis

Dr. Heinrich Hoffmann hat schon vor 150 Jahren die schwierigsten Aufgaben in der Erziehung und der kindlichen Entwicklung pointiert, mit wenigen Bildern veranschaulicht, häufig vorkommende Anlässe von Steuerungsverlust und anderen Ängsten von Kinder erkannt und ge- bzw. bezeichnet. Allerdings zeigt er nicht, und das wäre eine Kritik, die sich auf die Erziehungsvorstellungen des 19. Jahrhunderts bezieht, wie die Zustände positiv für die Kinder verändert werden können.

In meiner therapeutischen Praxis für Kinder und Jugendliche treten immer noch die Probleme auf, mit denen sich Hoffmann beschäftigt hat: Impulskontrolle bei aggressiven Jugendlichen wie beim »bösen« Friederich, mangelnde Selbstberuhigung bei kleineren Kindern, die deshalb den Daumen in den Mund stecken müssen, Risikobereitschaft bei Jugendlichen, die lebensbedrohlich sein kann, wie bei Paulinchen, Hunger bis zum Tode wie beim Suppenkaspar.

Die Psychoanalytikerin Anita Eckstaedt[1] sieht in den *Struwwelpeter*-Geschichten eine Abfolge von Sequenzen, die einerseits einen inneren Zusammenhang haben, andererseits chronologisch bestimmte Konfliktsituationen und Entwicklungsschritte zeigen. Diese Ausführungen sind, so Eckstaedt, als kindliche Reifungsvorgänge zu verstehen. Sie sind in sich schlüssig und behutsam nachgezeichnet. Sie erwähnt immer wieder, dass niemand das Leid dieser Kinder, des wütenden oder neugierigen oder ablehnenden oder daumenlutschenden Jungen versteht oder zumindest danach fragt. Wenige sehen die starre Körperhaltung des Struwwelpeters und sein unerkanntes, berechtigtes Bedürfnis nach Liebe, das ihn dazu bringt, diese Verweigerungshaltung einzunehmen.

Ich beginne mit der *Geschichte vom bösen Friederich* und der Tatsache, dass der Protagonist Tiere, Katzen und Vögel, quält. Seine Wut bringt die betrachtenden Kinder in große Loyalitätsschwierigkeiten und veranlassen sie zunächst, der Intention des Autors zu folgen und die präsentierte Wut abzulehnen. Erst danach versuchen

---

[1] Anita Eckstaedt: *»Der Struwwelpeter«. Dichtung und Deutung. Eine psychoanalytische Studie*- Frankfurt/M.: Insel, 1998.

sie zu erklären: »Man weiß dann nicht mehr, was man tut, wenn man so wütend ist«. Frage: »Konnte er nicht sehen, dass der Hund ihm gefährlich werden kann?« »Wenn man nicht so richtig weiß, was man tut, dann ist es gut, wenn man gestoppt wird.« Auf diese Weise erscheint die Hoffmannsche Strafe sinnvoll, gerechtfertigt und verhindert Schlimmeres. Wie allerdings diese überwältigende Aufgabe zu schaffen ist, bleibt unklar, vor allem wer die Anleitung dazu übernehmen kann: in der Geschichte gibt es nur ein Negativangebot. Insofern ist auch der Wunsch von Erwachsenen verständlich, dass die Kinder Aggressionen gut dosiert und einigermaßen erträglich zeigen.

Sich trösten und selbst beruhigen zu können ist eine der wichtigsten Fähigkeiten, die ein kleiner / großer Mensch braucht und in der Regel mit auf die Welt bringt. Beim Kind, das Daumen lutscht, ist es so, dass das Däumchen seit Lebensbeginn ein unentbehrliches Mittel der Selbstberuhigung und Zentrierung ist. Jedes Kind hat dieses Gefühl in seinem emotionalen Erfahrungsschatz und kann i.d.R. durch viele Verwirrungen wieder zu sich selbst finden. In jedem schwierigen Lebensabschnitt werden der oder die Daumen erneut benötigt, etwa beim Eintritt in den Kindergarten oder sogar auch in die Schule. Den Daumen entbehrlich werden zu lassen, kann auf diese vorgestellte Weise nicht gelingen. Dieser Einschätzung folgte m.E. auch ein neunjähriger Junge, nachdem er die blutenden Daumen angesehen hatte: »Das ist ja echt prutal! Prutal! So geht das doch nicht!« Weitere Mutmaßungen:« Vielleicht fühlte er sich allein, weil die Mutter weggegangen war...... warum ist Daumenlutschen denn verboten....was ist daran schlimm?« Wenn die Möglichkeit und Fähigkeit der Entspannung durch Daumenlutschen fehlt, befindet sich das Kind in ständiger Erregung und Anspannung. In der Behandlung von Schreikindern wird der Daumen dringend benötigt, wie inzwischen durch die Säuglingsforschung bekannt ist.

Und damit wären wir auf der psychologischen Ebene beim Zappel-Philipp: dieses Kind verfügt ebenfalls nicht über die Fähigkeit der Selbstberuhigung. Es steht unter großer Spannung und agiert diese auf verschiedenste Weise aus. Dort scheint die familiäre Konstellation eine der Ursachen zu sein, die dem Kind zu schaffen macht. Die Erwachsenen wirken auf das Kind wie eine gemeinsame, auch körperlich mächtige Barriere. Es kann sich so nicht wohl fühlen, muss sich sogar ausgeschlossen fühlen aus der Gemeinschaft der zu Tisch Sitzenden. Beide Erwachsene wirken streng und unlebendig in ihrer Körperhaltung und ihrem Gesichtsausdruck. Ein unruhiger Zappel-Philipp möchte diese gefühlsmäßige Blockade aufbrechen, in der es nur Anpassung als eine verhaltensmäßig korrekte Antwort geben kann. Anpassung erfordert das gleichzeitige Aushalten von Ambivalenzen und gefühlsmäßiger Unsicherheit. Das kann er nicht. Zappel-Philipp beantwortet diese angespannte Situation auf seine Weise, indem er bei Tische kippeln muss. Weiterhin vertieft sich für den hyperaktiven Protagonisten, den sogenannten Hyppie, das Gefühl des Ausgeschlossenseins, da er am Schluss begraben unter Geschirr und Lebensmitteln liegt und die Mahlzeit ein Ende hat.

Die *gar traurige Geschichte mit dem Feuerzeug* hat den Umgang mit Ver- und Geboten und dem noch nicht fest installierten Gewissen zum Inhalt. Das »Böse«, hier dargestellt als Nichtbefolgung von elterlichen Ge- und Verboten, ist als Reiz in diesem Kontext nicht so offensichtlich, da die genannten Konsequenzen unglaubwürdig erscheinen. Wie verläuft hier die Identifikation? Die Kinder fühlen mit der Protagonistin und machen sich Gedanken, wie solch ein Ungeschick verhindert werden kann. Zwei Mädchen (7 und 9 Jahre) beschäftigten sich sehr ausführlich mit den Bedingungen dieses tragischen Vorfalls. Sie rätseln darüber, wie sich das Feuer ausbreiten konnte (»sie hat getanzt«, ... »durch den Luftzug«), wo es begonnen hat (»am Ärmel zuerst und dann oben am Kleid«), und stellen letztlich den Schluss der Geschichte in Frage (»Knochen verbrennen doch gar nicht richtig«). Risikobereitschaft und Verhalten gegenüber Verboten wird schon thematisiert, die Kinder sind jedoch nicht einverstanden mit diesen vernichtenden Folgen eines legitimen Bedürfnisses im Zusammenhang von try and error (»man muss doch was ausprobieren...«).

Man könnte die kleine Abfolge von Bildern zum Thema Essen bzw. Essensverweigerung in der *Geschichte vom Suppen-Kaspar* als kürzeste und geniale Fassung zu dieser Problematik bezeichnen. Zunächst der propere, leicht übergewichtige und deshalb ungelenke Kaspar, der so gesund wirkt. Sein körperlicher Ausdruck lässt an dieser Aussage zweifeln. Dennoch hören wir zu Beginn der *Struwwelpeter*-Geschichten, wie sich artige Kinder zu verhalten haben: nämlich still und ruhig spielen, die Suppe essen und sich an der Hand führen lassen. Das sind sicherlich die unattraktivsten Verhaltensweisen, die von Kindern verlangt werden können, sie entsprechen so gar nicht ihren Bedürfnissen. In diesem Fall zeigen die Bilder noch deutlicher, was gemeint ist: nämlich allein am Tisch zu sitzen und Suppe zu essen. Karger kann man sich die Umgebung eines Kindes nicht vorstellen. Insofern ist es konsequent, die Tröstungen, die Essen bietet, abzulehnen. Alleine soll dieses Kind essen! Der Tisch ist mit dem Nötigsten, einem Teller und einem Löffel, gedeckt: Immer findet sich das Kind allein in dieser Situation. Die Einsamkeit als Begleiter beim Essen verdirbt den Appetit. Die inzwischen verbreiteten Essstörungen haben mit diesem Thema des Alleinseins als zentrale auslösende Bedingung zu tun. Es handelt sich dabei um eine spezielle Form der emotionalen Vernachlässigung: die Kinder verhungern scheinbar freiwillig oder wollen das Essen wieder loswerden, weil es mit einer unerträglichen psychischen Situation zu tun hat, in der sie leben. Der Mangel an Zuwendung und Fürsorge spricht laut Anita Eckstaedt aus diesen kleinen Bildern. Ich würde es noch schärfer formulieren: der Autor hat in diesen einfach kolorierten Zeichnungen die ständige Wunde eines Kindes benannt, nicht satt werden zu können durch die Nahrung, die es bekommt. Deutlicher und zugleich mit weniger Mitteln lässt sich eine krankmachende Situation nicht ausdrücken. Hoffmann hat in seinen Lebenserinnerungen ein ähnliches Gefühl angesprochen, das ihn ein Leben lang begleitete und niemals verließ.

Fazit

Eine der Antworten, warum diese Kurzgeschichten so erfolgreich waren und sind, könnte sein, dass es bis dahin keine so unbefangene Darstellung von originär kindlichem und damit durchaus üblichem Verhalten gegeben hat. Die Schlussfolgerungen und Maßnahmen, einem solchen Verhalten zu begegnen, werden sicherlich heute nicht mehr akzeptiert, auch von den Kindern nicht! Dieses zeigen auch die Reaktionen der Kinder auf die Geschichte vom Daumenlutscher, der in drastischer Weise bestraft wird, weil er den Anordnungen seiner Mutter nicht folgte.

Fasziniert sind diese Kinder von dem Widerstand, der aus dem dargestellten Verhalten der Kinder spricht, sie blättern das *Struwwelpeter*-Buch angeregt, schnell und neugierig durch und suchen in den Bildern nach Verbotenem. Meines Erachtens versuchen sie die Konsequenzen zu ignorieren oder durch Erklärungen zu entschärfen oder zu verwerfen. Dies entspricht dem Umgang mit den Erinnerungen mancher Erwachsener, die sich nicht erinnern konnten, dass der Suppenkaspar und Pauline tatsächlich sterben mussten.

Nach meiner Einschätzung müsste dieses Buch für Kinder und Erwachsene in einen Kontext der Geschichte der Erziehung gestellt werden, um zu erkennen, welche Ideen der »Zähmung« und »Lenkung« mächtiger Gefühle und Triebe zu bestimmten Zeiten Priorität hatten. Ich bin beeindruckt von dem intuitiven Verständnis des Verfassers um die Schwierigkeit einer gelingenden Erziehung. Zusammengefasst finden wir in diesem Büchlein die wesentlichen und störanfälligsten Verhaltensweisen von Kindern als häufigstes Set von Störungen, die heute in der psychotherapeutischen Arbeit mit Kindern vorkommen.

Dietrich Dähn

Zappelphillip und andere Hoffmann-Figuren in kinderärztlichen Journalen und anderen Publikationen

Ist man Arzt oder gar Facharzt für Kinderheilkunde, bezieht man viele Zeitschriften und Fachblätter. Wenn man zudem als *Struwwelpeter*-Sammler feststellt, dass sich hin und wieder doch etwas über den *Struwwelpeter*, den *Zappelphilipp* findet, blättert man interessiert weiter und liest.

So fanden sich in der Zeit von 1987 bis 2005 – unsystematisch gesammelt – mindestens 37 Artikel oder Reklame-Einblendungen.

Kinderfachärztliche Artikel fanden sich in den Zeitschriften

Kindergesundheit	1
Kinderkrankenschwester	1
Kinder- und Jugendarzt	1
Kinder- und Jugendmedizin	1
PAIS [gr. Pais = Kind]	1
Pädiatrie hautnah [Wissenschaft vom Kind]	3
Pädiatrie	1

Die Zeitschriften ohne fachärztlichen Bezug auf Kinderheilkunde waren:

Ärztliche Praxis	1
Ärzte-Zeitung	9
Deutsches Ärzteblatt	3
Selecta	1

eher Laienpresse:

Kinder	2
Medizin Heute	2

Es überwiegen – wohl naturgegeben – die Zeitschriften für den Kinderfacharzt. In den sieben kinderfachärztlichen Schriften finden sich neun Artikel. In Ergänzung dazu brachte die *Ärzte-Zeitung* neun Artikel. Das *Deutsche Ärzteblatt* und die Zeitschrift *Pädiatrie hautnah* setzten sich in drei Beiträgen mit dem Thema *Struwwelpeter* auseinander.

Die *Ärzte-Zeitung* als ein Ableger der *Frankfurter Allgemeinen Zeitung* widmet wohl diesem Thema, weil Dr. Heinrich Hoffmann aus Frankfurt stammt, verstärkte Aufmerksamkeit. Das Jahr 1994, in dem mindestens fünf Artikel erschienen, war zudem der 150. Geburtstag des *Struwwelpeter*. Auch in anderen Publikationsorganen, wie dem *Wirtschaftsmagazin für den Kinderarzt*, aber auch in den Medizinkatalogen fanden sich Artikel. In Reklameschriften von drei Pharmafirmen sowie auf dem Deckblatt für das Programm der Jahrestagung des Berufsverbandes der Kinder- und Jugendärzte Deutschlands vom 14. bis 17. Juni 1990 war der *Struwwelpeter* auf dem Titelbild.

Publikationen aus dem Pharma- und Wirtschaftsbereich

Wirtschaftsmagazin für den Kinderarzt
Wero – Medical (Katalog)
Hoechst AG: Faltblatt Kultur
Pflüger Telegramm
Isoarzneimittel

Welche Themen werden nun in den Beiträgen abgehandelt?

Erstens wird in drei Artikeln der Arzt Dr. Hoffmann und die Entstehung des *Struwwelpeter* vorgestellt. In sechs Artikeln wird sowohl über das Hoffmann-Museum als auch über dortige und andere Ausstellungen berichtet.

Mit dem Artikel *Von der Unart zur Krankheit* im *Deutschen Ärzteblatt* wird der Übergang vom Bilderbuch zur medizinischen Symptomatik betrachtet. In verschiedenen Beiträgen wird auf das »Aufmerksamkeitsdefizit-Syndrom« (ADS) mit oder ohne »Hyperaktivität« (ADHS) im Kindes- und auch im Erwachsenenalter eingegangen. Natürlich fehlen auch nicht Diagnosevorschläge. Zu der ADHS-Thematik gibt es die meisten Artikel, die jeweils mit dem *Zappelphilipp* illustriert sind. Ein Artikel beschäftigt sich mit ADHS-Diagnostik und deren Abrechnungsmodalitäten. In den bisher genannten Beiträgen dient zur Illustration der *Zappelphilipp*. Es finden sich aber auch Abbildungen aus *Hans-guck-in-die-Luft* und dem *bösen Friederich*. Ein anderes eindeutiges Krankheitsbild, die Brandverletzungen, werden mit dem *Paulinchen* illustriert. Der *Daumenlutscher*, dem die Daumen abgeschnitten werden, ziert das

Deckblatt eines Kataloges für Verbandsmittel. Die orthopädischen Zusammenhänge werden im Artikel *Schluss mit ruhig sitzen – sitzen wie Zappel-Philipp ist gesund* aufgenommen. Es wird besonders darauf hingewiesen, dass »Sitzen in Bewegung« die Rückenmuskulatur stärkt und damit Bandscheibenschäden vorbeugt. Hier gibt es keine Abbildung vom *Zappelphilipp*, sondern wird nur auf den Namen verwiesen. Zu guter Letzt sei auf eine farbig mit dem *Struwwelpeter* illustrierte Anzeige des *Struwwelpeter-Clubs* (Club zur Förderung des Heinrich-Hoffmann-Museums) hingewiesen, die auch in der *Ärzte-Zeitung* eingeblendet wird.

Möchte man ein Resümee aus allem Beschriebenen bilden, bieten sich folgende Möglichkeiten an:

– Die Abbildungen ziehen durch ihre Farbigkeit und plakative Gestaltung die Aufmerksamkeit auf sich.

– Der *Struwwelpeter* und damit auch der *Zappelphilipp* sind so bekannt, dass sie als Illustrationen immer wieder herangezogen werden. Es ist unsicher, ob Dr. Hoffmann mit der Figur des *Zappelphilipp* ein Syndrom kreieren wollte. Sicher ist aber, dass die Nachwelt ein Syndrom nach dem *Zappelphilipp* benannte.

Melanie Braun

»Struwwelpeter«-Generationen

»Sieh einmal hier steht er, pfui, der Struwwelpeter!« Es wird kaum einen Erwachsenen geben, der diese Worte nicht kennt oder sich an die einprägsame Figur auf dem Titelblatt erinnert und dadurch an die eigene Kindheit erinnert wird.

Auch heute noch ist der *Struwwelpeter* ungebrochen aktuell. Kaum ein anderes Buch wurde in den letzten 150 Jahren so oft gelesen und vorgelesen. Es wird weiterhin in den Buchhandlungen gekauft und von den Eltern und Erziehern an die Kinder weitergegeben. Heute jedoch wahrscheinlich weniger wegen der bürgerlich-rigiden Erziehungswerte, sondern viel eher, um den Kindern ein Stück klassischer deutscher Kinderliteratur zu schenken.

Es hat durch seine vielen verschiedenen Varianten und Parodien, den Diskussionen in Bereichen der Pädagogik, Gesellschaft, Politik und des Alltags einen großen Einfluss auf die Kinder- und Erwachsenenliteratur ausgeübt.

Kennen Sie den »Struwwelpeter«?

Diese Frage habe ich den letzten Wochen häufiger gestellt.

Ich habe eine kleine, unsystematische Befragung zu dem Kinderbuch in meinem Bekannten- und Verwandtenkreis bei 15 Personen gemacht. Die Befragten stammen aus drei Generationen: die jungen Erwachsenen Mitte 20, die Elterngeneration um die 50 und die Großelterngeneration mit 75 Jahren. Daher kam ich auch zu meiner Überschrift: *Struwwelpeter* – Generationen.

Bei den acht befragten Personen im Alter von Mitte 20 kamen sehr unterschiedliche Antworten auf meine Fragestellung. »Ach der…« oder »Natürlich kenn ich den!« waren die häufigsten Antworten. Vier meinten: »Das war früher mein Lieblingsbuch!« und zwei hatten als Kind sogar Angst davor. Jedoch nicht vor dem ganzen Buch, sondern nur vor bestimmten Geschichten. Einer heute 27jährigen Person wurde als Kind *Die Geschichte vom Daumenlutscher* vorgelesen, welche sie so erschreckt hat, dass sie sich fortan nicht mehr traute, am Daumen zu lutschen und keine Geschichten aus dem Buch hören wollte. Auch hatte sie ab dem Zeitpunkt Angst vor ihrer Tante, die den Beruf der Schneiderin ausübte.

Die Geschichte vom Daumenlutscher bleibt oft im Gedächtnis hängen, da es die blutigste Geschichte des Buches ist. Besonders schlimm an der kleinen Erzählung ist, dass Blut fließt und zu Boden tropft und am Ende dem Jungen die Daumen fehlen, was auch durch die Bilder veranschaulicht wird. Eine befragte Erzieherin aus einem Kindergarten meinte, dass ein Kind, das noch am Daumen lutscht, wahrscheinlich durch die Reime Angstzustände bekommen könnte, wenn sie ihm nur vorgelesen würden. Aber auch die bildliche Erläuterung bleibt grausam, da die Geschichte durch die Schmerzenslaute des kleinen Konrad unterstützt wird: »Weh! Jetzt geht es klipp und klapp / Mit der Scher' die Daumen ab, / Mit der großen scharfen Scher'! / Hei! Da schreit der Konrad sehr.«[1] Die von mir befragten Personen waren sich in diesem einig, auch wenn sie als Kinder die Geschichte als nicht so grausam erinnern. Sie verglichen die Geschichten des *Struwwelpeter* mit Märchen, die auch oft sehr grausame Handlungen haben, wenn z.B. die böse Hexe im Ofen verbrannt wird oder sich die böse Stiefmutter in glühenden Pantoffeln zu Tode tanzen muss.[2] Jedoch sind Märchen relativ kurze Erzählungen mit surrealen und fantastischen Elementen, in denen meist das Gute gewinnt und das Böse verliert. Im *Struwwelpeter* sind die Geschichten jedoch realistischer, denn wer am Tisch mit dem Stuhl schaukelt, kann mit ihm umfallen.[3] Und das kennt man aus seiner eigenen Praxis. Eine befragte 25jährige Person erzählte mir, dass ihr die *Daumenlutscher*-Geschichte nichts ausgemacht habe, obwohl sie damals selber am Daumen lutschte, jedoch habe sie große Angst davor gehabt, bei Regenwetter nach draußen zu gehen und einen Schirm festzuhalten, aus Angst, sie könne mit ihm wegfliegen und nicht mehr nach Hause kommen, wie in der *Geschichte vom fliegenden Robert*, der bei Sturm mit seinem Regenschirm davon fliegt und nicht mehr gesehen wird.

In der Generation der 50jährigen befragten Personen spielte der *Struwwelpeter* in der Erziehung eine noch eine größere Rolle. Die Geschichten sollten Vorbild sein und galten als pädagogisch wertvoll. Bei fünf der sechs Befragten spielten deren Eltern immer beim Essen auf *Die Geschichte vom Suppen-Kaspar* an, denn wer

---

1 Vgl. *Die Geschichte vom Daumenlutscher*.
2 Vgl. *Hänsel und Gretel* und *Sneewittchen*.
3 Vgl. *Die Geschichte vom Zappel- Philipp*.

schlecht esse, sterbe.[4] Doch die Geschichte tat ihre Wirkung, denn es sollte einem das Schicksal vom kleinen Kaspar erspart bleiben. Vielleicht ist gerade deshalb durch die 68er Generation und der antiautoritären Kritik am *Struwwelpeter* der *Anti-Struwwelpeter* entstanden.

Die 75jährige befragte Person kannte als Kind den *Struwwelpeter* nicht. Sie hatte elf Geschwister und es war kein Geld für Bücher vorhanden. Jedoch kannte sie einige Reime, die in der Schule gelehrt, bei Nachbarn aufgesagt oder in einer Art von Mitteilungsblättern veröffentlicht wurden. Sie lernte das Buch erst kennen, als ihre Kinder es geschenkt bekamen und las ihnen ab da immer daraus vor. Noch heute kennt sie die Reime der Geschichten auswendig und trägt sie gerne ihren Enkelkindern vor.

Mein Fazit ist, wenn man nach bestimmten Geschichten aus dem *Struwwelpeter* fragt, wurden der Daumenlutscher-Bub und Paulinchen mit den Zündhölzern am häufigsten genannt, wobei es aber überwiegend die Frauen waren, die das Paulinchen im Kopf behalten haben. Liegt das möglicherweise daran, dass sie die einzige weibliche Figur in dem ganzen Kinderbuch ist? Sehr einprägsam ist auch dieses wiederkehrende »Miau Mio« der beiden Katzen. Trotz dieser Warnungen nimmt das Unglück seinen Lauf und Paulinchen entzündet sich.[5] Es heißt ja nicht umsonst: »Wer mit dem Feuer spielt, verbrennt sich die Finger«. Auch die Namen der Figuren aus dem Buch sind heutzutage noch geläufig, wie der Zappel-Philipp oder der Suppenkaspar. Sie werden häufig in der Werbung benutzt, z.B. Paulinchen für Feuerversicherungen oder der Struwwelpeter für Frisörsalons. Der Zappel-Philipp wurde auch zu einem psychologischen Fachausdruck für Kinder, die hyperaktiv sind, Bewegungsdrang und eine Konzentrationsschwäche haben (ADS). Durch die Verbreitung der Elemente aus dem *Struwwelpeter* kann man vermuten, dass er wohl immer aktuell bleiben und von Generation zu Generation weitergegeben werden wird.

---

4   Vgl. *Die Geschichte vom Suppenkaspar.*
5   Vgl. *Die traurige Geschichte mit dem Feuerzeug.*

Enstehung, Form und Varianz des »Struwwelpeter«

Ortrun Niethammer

Dr. Heinrich Hoffmann (1809-1894):
Eine biographische Skizze des Arztes und Kinderbuchautors

Frankfurt am Main war zu Beginn des 19. Jahrhunderts eine der vier freien Reichsstädte. Goethe charakterisierte diese Stadt um 1811, die ca. 60.000 Einwohner hatte und sich zwischen Palmengarten und Zoo anordnete, als eine, die aus vielen kleinen Städten bestand:

> Was aber die Aufmerksamkeit des Kindes am meisten an sich zog, waren die vielen kleinen Städte in der Stadt, die Festungen in der Festung, die ummauerten Klosterbezirke nämlich, und die aus früheren Jahrhunderten noch übrigen mehr oder minder burgartigen Räume [...]: alles deutete auf eine längst vergangene, für Stadt und Gegend sehr unruhige Zeit. Pforten und Türme, welche die Grenzen der alten Stadt bezeichneten, dann weiterhin abermals Pforten, Türme, Mauern, Brücken, Wälle, Gräben, womit die neue Stadt umschlossen war.[1]

Goethe wuchs am Grossen Hirschgraben auf und spazierte durch die Innenstadt, um das Treiben der Messestadt zu erleben. Er saß aber auch oft am Fenster und sah sinnierend und sehnsuchtsvoll in die Gärten und die fruchtbare Ebene, die sich bis Höchst hinzog. Er konnte Abstand von den »vielen kleinen Städten« halten, wohnte im großzügigen umgebauten Doppelhaus der Eltern und hatte eine freie und während der Schreibzeit 1811 eine romantische Perspektive auf das hügelige Umland.

Das Frankfurt des späteren »Irrenarztes« und Neurologen Dr. Heinrich Hoffmann war sicherlich anders zugeschnitten. Als Sohn eines verarmten Inspektors des Wasser-, Wege- und Brückenbaus Phillip Jacob Hoffmann wuchs er in der Sauallee (jetzt Bockenheimer Straße), also in der Nähe des heutigen Bahnhofes und der Innenstadt, auf und hatte zeitlebens die Perspektive auf die Innenräume der Armut.

> Beim Bankrott der Weinhändler Lausberg, Brüder seiner Frau, verliert Philipp Jacob Hoffmann Anfang der 1830er Jahre 16.000 Gulden, fast sein gesamtes Ver-

---

1   Johann Wolfgang Goethe: *Dichtung und Wahrheit. Aus meinem Leben [1811]*. Frankfurt/M.: Insel, 1975, S. 23f.

mögen. Von nun an mußte er mit dem kümmerlichen Gehalt auskommen, das die Stadt ihm zahlte, und er sieht sich gezwungen, dem Sohn, dessen Ausbildung alle seine Anstrengungen gelten, auch das bescheidenste Vergnügen vorzuenthalten, sobald es mit Geldausgaben verbunden ist. Trotz aller Sparsamkeit kann er ihn nur studieren lassen, weil er, wie Heinrich Hoffmann erst später erfährt, von der Freimaurerloge [...] unterstützt wird.[2]

Durch den Tod seiner Mutter wird Heinrich Hoffmann etwa ein Jahr nach seiner Geburt (13.6.1809) Halbwaise.[3] Die Abwesenheit der Mütter bzw. Eltern in Hoffmanns erstem Kinderbuch, dem *Struwwelpeter*, ist ein auffallendes Motiv, möglicherweise ein Reflex auf den frühen Waisenstand. Es findet sich in der gesichtslosen, nur von hinten zu sehenden Mutter, die das Daumenlutscherkind Konrad alleine zurücklässt, bei den unsichtbaren Eltern, die Paulinchen mit den entflammbaren Streichhölzchen zuhause lassen und ausgehen, im bösen Friedrich, dem offensichtlich keine anderen Erzieher als der Arzt oder ein Gretchen – vielleicht eine Hausangestellte oder Schwester – zur Seite stehen, im Suppenkaspar, der elternlos vor der Suppe verhungert und bei Hans Guck-In-die-Luft, der einsam wie Robert seiner Wege geht. All das sind Kinder ohne sichtbare Eltern. Die einzig vollstän-

---

2   Marie-Luise Könneker: *Dr. Heinrich Hoffmanns »Struwwelpeter«. Untersuchen zur Entstehungs- und Funktionsgeschichte eines bürgerlichen Bilderbuchs*. Mit 154 Abb. Stuttgart: Metzler, 1977, S. 7.
3   Die Informationen beruhen z.T. auf dem ausführlichen tabellarischen Lebenslauf in G.H. Herzog / Helmut Siefert (Hg.): *Struwwelpeter-Hoffmann in Texten und Bildern. Katalog*. Frankfurt/M.: Verlag Heinrich-Hoffmann Museum, 1978, S. 23-28 und, z.T. korrigierend, Anita Eckstaedt: *»Der Struwwelpeter«. Dichtung und Deutung. Eine psychoanalytische Studie*. Frankfurt/M.: Insel, 1998, S. 150.

dige Familie findet sich beim Zappel-Phillip, wo aber das Kind unter der Tischdecke verschwindet, aber die Frau Mama spricht nicht, denn »die Mutter blickte stumm auf dem ganzen Tisch herum«.[4]

Heinrich Hoffmann bekommt in der Schwester seiner Mutter 1813 eine »liebevolle«[5] Stiefmutter. Über die Zwischenzeit, die prägende frühkindliche Phase, ist nichts weiter bekannt, vielleicht wird er von Hausangestellten, von Verwandten oder anderen Personen betreut. Die Erziehung obliegt aber primär dem Vater, der seinen Sohn umfangreich nach bürgerlichen Maßstäben des 19. Jahrhunderts bildet. Er betont in einem Brief an seinen Sohn, nachdem er bemerkt hat, dass sich Heinrich nicht so zielstrebig entwickelt wie er es gerne hätte:

> Da der Heinrich in ungeregelter Tätigkeit und leichtsinniger Vergeßlichkeit fortlebt, überhaupt nicht im Stand ist, seine Betriebsamkeit nach eignem freyen Willen auf eine vernünftige und zweckmäßige Weise zu regeln, und im Verfolg dieser Regellosigkeit, die Schande für seine Eltern, der größte Nachteil für ihn selbst zu gewärtigen ist, so will ich ihm hiermit nochmals die Pflicht ans Herz legen und ihn auffordern: zur Ordnung, zum geregelten Fleiß, zur vernünftigen Einteilung seiner Zeit, zurückzukehren, damit er ein nützliches Mitglied der bürgerlichen Gesellschaft werde.[6]

Mit sieben Jahren wird Heinrich Hoffmann in die Weißfrauenschule eingeschult und besucht später das Barfüßerkloster an der Paulskirche, wo er als Rechenkünstler und genialischer Verfasser von Aufsätzen gilt. Er übt sich insbesondere früh in »Paradoxa und unterhält Familie und Freunde mit dem Talent, alles Erfahrene zu einer witzigen Anekdote gerinnen zu lassen.«[7] 1828 macht er seinen Schulabschluss und unternimmt erste Reisen. Seine Studienzeit der Medizin absolviert er in Heidelberg und Halle/Saale, wo das Studium Vorlesungen und Übungen in Zoologie, Botanik, Mineralogie, Arzneimittellehre, Lehre der mineralischen Gifte, Chirurgie, Geburtshilfe und praktische klinische Übungen umfasst. In Halle macht er 1833 Examen. Weil Hoffmann damit ein preußisches Doktorexamen abgelegt hatte, musste er es später in der Freien Reichsstadt Frankfurt wiederholen. Anschließend hält er sich zu

---

4 Vgl. sehr ausführlich und informativ Eckstaedt: *Psychoanalytische Studie*, S. 165-189.
5 Vgl. zur Stiefmutter Eckstaedt: *Psychoanalytische Studie*, S. 174ff.
6 Könneker: *Bürgerliches Bilderbuch*, S. 7.
7 Könneker: *Bürgerliches Bilderbuch*, S. 8.

einem vertieften Studienaufenthalt bis August 1834 in Paris auf, wo er sich auch mit den politischen Ideen der französischen Julirevolution auseinandersetzt, was wichtig wird für seine politische Tätigkeit im Vorfeld der Frankfurter Paulskirche. Wegen einer schweren Erkrankung des Vaters kehrt er im August nach Frankfurt zurück; der Vater stirbt wenig später. Im gleichen Jahr 1834 gründet er mit Freunden in Frankfurt am Main die erste Armenklinik, wo jeder Arzt kostenlos praktizieren muss. Seinen schmalen Lebensunterhalt verdient Hoffmann zudem durch eine eigene Praxis in zwei Räumen im Gasthaus zum Tannenbaum und auch durch die ärztliche Überwachung des neuen Leichenhauses in Frankfurt-Sachsenhausen. Parallel finanziert sich Hoffmann durch eine festangestellte Lehrtätigkeit beim naturwissenschaftlichen Dr. Senkenbergischen Institut. Die finanzielle Situation bleibt eher problematisch, bis er 1851 die Stelle eines Arztes an der »Anstalt für Irre und Epileptische« mit einer Dotierung von 600 Gulden im Jahr und vier Wochen Urlaub bekommt. Das Interesse für diese Tätigkeit ging offensichtlich auf seine Arbeit in der Armenklinik zurück, da er dort häufiger mit lebenslang kranken Menschen zu tun hatte, die sich z.T. auch im Feld der Geisteskrankheiten bewegten. Bis dahin wurden psychisch kranke Menschen als kriminell, arbeitsscheu oder vom Teufel besessen wahrgenommen und galten als nicht therapierbar. Indem Hoffmann u.a. die Krankheitsformen und -verläufe, insbesondere bei Epilepsie[8], beschreibt, ändert sich sehr allmählich – z.T. gegen große Widerstände – die Wahrnehmung dieser Kranken.

Seinen Urlaub verwendet Hoffmann, um »Irrenanstalten« in Deutschland und Österreich zu besichtigen. Weitere Veröffentlichungen folgen über die Missstände in der »Anstalt für Irre und Epileptische«, in denen auch Verbesserungsvorschläge gemacht wurden. Er entwickelt die Idee, ein großzügiges Haus für die Geisteskranken zu bauen und besucht mit dem Architekten Oskar Pichler Krankenhäuser für psychisch kranke Personen in Norddeutschland, Holland, Belgien, England, Frankreich und Elsass-Lothringen. 1854 organisiert er mit Helfern mehrere großangelegte, auf Stadtteile bezogene Spendensammlungen, die innerhalb von 14 Tagen 46.0000 Gulden einbrachten. Bauland wird von der Stadt zur Verfügung gestellt, um dort auf dem sog. Affenstein (früher Ave-Stein),[9] einem hügeligen Gartenland vor den Toren der Stadt, eine Anstalt zu bauen. 1859 ist Baubeginn der neuen »Irrenanstalt« auf dem Affenstein und schon 1863, früher als erwartet, wird das Gebäude fertiggestellt. 100 Bewohner ziehen in die großzügig angelegten Gebäude, in denen z.B. helle luftige Räume und Gärten

---

8   Vgl. dazu Heinrich Hoffmann: *Schriften zur Psychiatrie*. Frankfurt/M.: Insel, 1980.
9   Heute Sitz der Universität im ehemaligen IG-Farben-Haus.

vorhanden sind, um den psychisch kranken Menschen Arbeitsmöglichkeiten zu geben. Dieses Gebäude wurden wegen der weiträumigen Anlage auch als »Irrenschloss« bezeichnet. Außerdem öffnet Hoffmann für interessierte Bürger die Kliniken an Tagen der offenen Tür und zeigt seine Verfahren und empirisch-orientierten Umgangsweisen. Hoffmann wird über diese Initiative und über seine Veröffentlichungen allmählich ein sehr angesehener Neurologe, der auch die Stadt Zürich in der Ansiedlung ihrer Neurologie berät. Erst ab 1864 gibt es einen zweiten Arzt in der Klinik. 1883 wird sein 50-jähriges Doktorjubiläum gefeiert, 1888 zieht sich Hoffmann fast achtzigjährig zurück, um seine Autobiographie und weitere Schriften zu verfassen.

Neben der medizinischen Ausbildung und Tätigkeit beschäftigt sich Hoffmann zeitlebens mit Literatur, Aphorismen und kleinen Zeichnungen, die u.a. die frühe Comicliteratur – insbesondere Wilhelm Busch – angeregt haben sollen. Er gilt als geselliger und anregender Charakter. So ist es nicht verwunderlich, dass er mehrere Literatur- und Kunstkreise mitbegründet: das »Medizinische Kränzchen« (1834), das »Dienstagskränzchen« (1840), ebenfalls 1840 die Gründung von »Tutti Frutti«, eines Vereins von Künstlern, Gelehrten und Schriftstellern.

> Der Exklusivität vornehmer Salons setzt Hoffmann seine inhaltlich vermittelten Aktivitäten entgegen; ihm kommt es nicht auf teure Bewirtung und illustre Teilnehmer an, sondern nur darauf, was einer weiß und vorzutragen hat. So werden in der Gesellschaft ›Tutti Frutti‹, die in zeitgenössischer Indienbegeisterung ihre Zusammenkünfte ›Bäder von Ganges‹ nennt, weit über 300 Vorträge über die verschiedensten Themen organisiert. Das Protokoll muß jedesmal in anderen Metren abgefaßt werden. [...] Zu den Gästen des Vereins gehören [...] Freiligrath, Dingelstedt, Schadow, Herwegh und Gutzkow. Hoffmann, mit seinem Talent als witziger Unterhalter, [wird] schon bald in weiten Bürgerkreisen begehrt.[10]

Ab 1841 wird er gleichfalls Mitglied in der Administration des Städelschen (Kunst-)Instituts, das 1815 als Bürgerstiftung mit einer ansehnlichen Kunstsammlung und

---

10 Könneker: *Bürgerliches Bilderbuch*, S. 10.

Vermögen von Johann Friedrich Städel der Stadt Frankfurt und seinen Bürgern vermacht wurde. Durch Zukäufe zeitgenössischer Kunst wird es zu einem der wichtigsten Museen Frankfurts. In der Verwaltung dieser »Bürgerinitiative«, die zudem ein Lehrinstitut für Kunstschaffende beinhaltet, verändert Hoffmann die Strukturen und »demokratisiert« das Lehrverfahren.[11] Sein eigenes Interesse an Malerei und Zeichnungen, seine eigene Kunstpraxis, war insbesondere durch seinen Vater und Großvater mütterlicherseits geweckt worden, die sich stark mit Zeichnungen, Formen und Farben auseinandersetzen. 1842 gibt er zudem seine erste Veröffentlichung der *Gedichte* heraus, eine zweite Auflage erscheint 1873 unter dem Titel *Auf heiteren Pfaden*. Die kühne und witzige Struktur und die inhaltliche Orientiertheit dieser Texte ähneln denen des *Struwwelpeter*.

Nach der Heirat mit Therese Donner im August 1840 folgt die Geburt seines ersten Sohnes Carl Philipp, 8.5.1841, für den Hoffmann zu Weihnachten 1844 den *Struwwelpeter* verfasst. Hoffmann schreibt dazu:

> gegen Weihnachten des Jahres 1844, als mein ältester Sohn drei Jahre alt war [ging ich in die Stadt Frankfurt], um demselben zum Festgeschenke ein Bilderbuch zu kaufen, wie es der Fassungskraft des kleinen menschlichen Lebens in solchem Alter entsprechend schien. Aber was fand ich? Lange Erzählungen oder alberne Bildersammlungen, moralische Geschichten, die mit ermahnenden Vorschriften begannen. [...] Als ich nun gar endlich ein Folienbuch fand, in welchem eine Bank, ein Stuhl, ein Topf und vieles andere abgezeichnet war, und wo bei jedem Bild fein säuberlich zu lesen war: die Hälfte, ein Drittel, oder ein Zehntel der natürlichen Größe – da war es mit meiner Geduld aus... Als ich damals heimkam, hatte ich aber doch ein Buch mitgebracht, ich überreichte es meiner Frau mit den Worten: »Hier ist das gewünschte Buch für den Jungen!« Sie nahm es und rief verwundert: »Das ist ja ein Schreibheft mit leeren weißen Blättern!« »Nun ja, da wollen wir ein Buch draus machen!«[12]

Diese erste Fassung des *Struwwelpeter* hat die Größe eines Schreibheftes, umfasst sechzehn Seiten und ist einseitig beschrieben, mit aquarellierten Zeichnungen versehen und ist im Jahr 1845 in der Verlagsbuchhandlung bei Rütten und Loening

---

11 Vgl. G.H. Herzog / Helmut Siefert: *Struwwelpeter-Hoffmann*, S. 24.
12 Zitiert nach Sybil Gräfin Schönfeldt: *Pfui, der Struwwelpeter. Die Geschichte des erstaunlichsten Kinderbuches in deutscher Sprache*. In: *Die ZEIT*, Nr. 24, 8.6.1984, S. 70.

unter dem Titel *Lustige Geschichten und drollige Bilder mit 15 schön kolorierten Tafeln für Kinder von 3-6 Jahren* unter dem Autorennamen Reimerich Kinderlieb erschienen. Der Verleger Zacharias Löwenthal (später Carl Friedrich Loening) war ein Freund Hoffmanns und Mitglied des Kränzchens »Tutti Frutti« und drängte Hoffmann, dieses Bilderbuch herauszugeben, das er bei ihm zuhause gesehen hatte. Hoffmann, der eine erste feste Anstellung als Lehrer und Arzt im Dr. Senkenbergschen Institut angetreten hatte, wählt vielleicht deshalb das Pseudonym, zuerst als Reimerich Kinderlieb, dann als Heinrich Kinderlieb. Auch der ordentlich und sauber gekleidete Struwwelpeter mit seinen langen Haaren und Fingernägeln kommt wie Dr. Heinrich Hoffmann erst in der 5. Auflage, 1847, auf das Titelbild. *Die gar traurige Geschichte mit dem Feuerzeug* und *Die Geschichte vom Zappel-Philipp* wurden 1846, *Die Geschichte vom Hanns-Guck-in-die Luft* und *Die Geschichte vom fliegenden Robert* 1847 hinzugefügt. In den ersten vier Auflagen folgte *Die Geschichte vom bösen Friederich* unmittelbar auf das erste Blatt mit dem weihnachtlich geprägten Titel, das heute in der Regel als letzte Seite präsentiert wird (s. oben *Die Geschichte vom Daumenlutscher*).

Die Rezeption und die Geschwindigkeit der Übersetzungen des *Struwwelpeter* waren enorm. Die 100. Auflage lag 1876 vor, die 200. Auflage 1898. Die erste Übersetzung ins Englische wurde schon 1848 unternommen: *The English Struwwelpeter or pretty stories and funny pictures for little children. After the 6th edition of the celebrated work of Heinrich Hoffmann*. Leipsic [!] 1848. Der *Struwwelpeter* war damit nicht nur ein Kinderbuch, sondern auf merkwürdige Weise entschiedener Ausdruck seiner Zeit sowohl in politischer wie auch in pädagogischer Hinsicht. Hoffmann, der anschließend noch weitere Bilderbücher[13] verfasst, schreibt zur pädagogischen Idee seines Buches: »Das Buch soll ja märchenhafte, grausige, übertriebene Vorstellungen hervorrufen.... Mit der absoluten Wahrheit, mit algebraischen und geometrischen Sätzen rührt man keine Kinderseele, sondern läßt sie elend verkümmern.«[14] Hoffmann greift in der Konzeption des *Struwwelpeter* auf seine Methode zurück, Kinder bei Visiten zu beruhigen, die bei seinem ärztlichen Erscheinen i.d.R. verstört waren, da die zeitgenössischen Erziehungsmaßnahmen gerade vor Ärzten und Schorn-

---

13 1851: *König Nußknacker und der arme Reinhold*. Frankfurt/M. 1982; 1854: *Bastian der Faulpelz. Eine Bilderbuchgeschichte für Kinder*. Frankfurt/M. 1984; 1858: *Im Himmel und auf der Erde. Herzliches und Schmerzliches aus der Kinderwelt*. Frankfurt/M. 1985; 1871: *Prinz Grünewald und Perlenfein mit ihrem lieben Eselein*. Frankfurt/M. 1984; postum 1924: *Besuch bei Frau Sonne. Neue lustige Geschichten von Heinrich Hoffmann*. Frankfurt/M. 1985.
14 Vgl. Schönfeldt: *Geschichte*, S. 70.

steinfegern warnten. Um die notwendigen Untersuchungen durchführen zu können, nimmt er »rasch ein Blättchen Papier und Bleistift« hervor und entwickelt »eine der Geschichten, wie sie in dem Buche [der *Struwwelpeter*] stehen, [...], mit drei Strichen gezeichnet, und dazu möglichst lebendig erzählt. Der wilde Oppositionsmann wird ruhig, die Tränen trocknen, und der Arzt kann spielend seine Pflicht tun.«[15]

Heinrich Hoffmann hat sich in Frankfurt deshalb nicht nur als Arzt und Kinderbuchautor einen Namen gemacht, sondern auch als witziger, politisch agierender und denkender Zeitgenosse, indem er seine *Struwwelpeter*-Ideen transformierte und zeitgenössisch, wiederum anonym einsetzte für eine entschiedene Verbesserung demokratischer Praxis. Seine Grundhaltung war die eines Mannes, der der konstitutionellen Monarchie anhing und gleichzeitig mit Spott und Eigensinn, insbesondere mit Kleidung und Haartracht, die sogenannten Demagogen nachahmte und karikierte.

Als Beispiel dient etwa das anonym von ihm verfasste *Handbüchlein für Wühler oder kurzgefaßte Anleitung in wenigen Tagen ein Volksmann zu werden.* Von Peter Struwwel, Demagog. Leipzig 1848. Hier wird ein langhaariger, in Heckertracht mit breitem Gürtel, Gamaschen, einem Robin-Hood-Hut gekleideter Mann bzw. Zwerg gezeigt, der einen Knotenstock in der Hand hält und auf die deutsche Landkarte tritt. Er demonstriert damit, dass ein echter Freund des Fortschritts keine »Hosenträger, sondern einen Riemen um den Leib« trägt,

> grobes Rindsleder mit derber Schnalle. Mit gegürteten Lenden muß er dastehen, ein rüstiger Kämpe, Gamaschen sind sehr zu empfehlen, sie haben etwas Energisches .... struppiges dunkles Haupthaar... so ist das Revolutionsgemälde fertig. In der Vorrede wendet er sich an das deutsche Volk. »Ich der Verfasser werde Dir wohl schon bekannt sein. Vor ein paar Jahren trat ich als ungekämmter Junge unter deine kleine Souveräne. Die Zeit fliegt mit Sturmeseile. Die organische Entwicklung ist ein Mährchen. So grüße ich Dich heute als Dein Lehrer und Meister.«[16]

In diesem Band tritt Hoffmann einerseits als Warner auf, andererseits als Autor des *Struwwelpeter* und drittens zeigt die Figurenbildung des Wühlers Ähnlichkeiten mit dem Revolutionär Friedrich Hecker, mit dem Hoffmann seit seiner Schulzeit befreundet war und der 1848 in die Schweiz fliehen musste. Hoffmann identifiziert sich aber

---

15 Vgl. Schönfeldt: *Geschichte*, S. 70.
16 Marie-Luise Könneker: *Überall Struwwelpeter. Historische Umrisse einer Identifikationsfigur.* In: *Frankfurter Rundschau.* Nr. 227, 9.10.1976, S. 3.

nicht mit Hecker, sondern steht zwischen allen Fronten.

Beate Zekorn-von Bebenburg führt aus, dass Hoffmann im *Wühler*

> ein undogmatischer Mann des Ausgleichs war, der vor allem ein Ziel hat: die deutsche Einheit. Ein konventioneller ›Spießer‹, der Ruhe und Unauffälligkeit für die erste Bürgerpflicht hält, ist Hoffmann keineswegs. Wenn der Arzt in den Lebenserinnerungen über seinen persönlichen Rasurboykott schreibt, ist dies für seine respektlose Haltung gegenüber den alten Normen bezeichnend: »Vom 28. Februar 1848 an habe ich mich nicht mehr rasiert und behaupte stolz, dies sei eine der Errungenschaften, die man von dem Revolutionsjahr für die Folge gerettet habe. Auch war ich fast der erste, der auf dem Weg zur Praxis Zigarren rauchte.«¹⁷

Das offensive Rauchen und die Nicht-Rasur, das verwilderte Aussehen, steht in einer längeren männlichen und weiblichen Traditionslinie. So werden die Kommunisten, der deutsche Michel und andere Widerstandsfiguren als langhaarige, klein- oder großwüchsige Kerle gezeichnet.

Auch wird die Freiheit der ungebundenen, nicht domestizierten Haare bei Frauen etwa zeitgleich im Gedicht von Annette von Droste-Hülshoff *Am Turme* 1841/1842, thematisiert. Hier heißt es in der letzten Strophe, die freie Männlichkeit als Ideal anrufend: »Wär' ich ein Jäger auf freier Flur, / Ein Stück nur von einem Soldaten, / Wär' ich ein Mann doch mindestens nur, / So würde der Himmel mir raten; / Nun muss

---

17 Beate Zekorn-von Bebenburg, Ulrich Wiedmann: *Struwwelpeter wird Revolutionär. Heinrich Hoffmann und 1848*. Frankfurt/M.: Heinrich-Hoffmann-Museum, 1998, S. 39.

ich sitzen so fein und klar, / Gleich einem artigen Kinde, / Und darf nur heimlich lösen mein Haar, / Und lassen es flattern im Winde!«[18]

Auch wendet sich Hoffmann mindestens einmal öffentlich gegen die Zensurbestimmungen, die durch die Karlsbader Beschlüsse 1819 die deutschsprachige Literatur deutlich einschränkten. Beim deutschen Sängerfest in Frankfurt/M. vom 29.-30. Juli 1838 hält Hoffmann, wie er in seiner Autobiographie berichtet, einen Toast auf die Pressefreiheit.[19] Obwohl sein Toast ihn nicht merklich in seiner Berufstätigkeit hindert, ist es ein Statement, das ihn in eine nähere oder weitere Verbindung zu Autoren wie Heinrich Heine oder Ferdinand Freiligrath rückt. Heinrich Heines *Wintermärchen*, das 1844 im Rahmen der *Neuen Gedichte* erschien, und über das schon Anfang Oktober auf Betreiben der preußischen Behörden nachgedacht wurde, wurde Mitte Oktober verboten. Ein preußischer Gesandter berichtet nach Berlin: »Sie [die *Neuen Gedichte*] athmen wieder solchen revolutionären Geist und Tendenz und sind so gehässig und unverschämt gegen Preußen und unsern erhabenen Monarchen gerichtet, daß mir ein Verbot unerläßlich erscheint.«[20] Am 11. Oktober erging von Berlin aus das Verbot, am 14. Oktober in Hamburg, dem Druckort der *Neuen Gedichte*, wenig später im Bund. Insbesondere entzündete sich die Kritik an Strophen des *Wintermärchens*, die Heine schon der Selbstzensur unterlegt hatte und die Symbole der preußischen Staatsmacht kritisierten, etwa die Diskussion des königlich preußischen Adlers: »Zu Aachen, auf dem Posthausschild, / Sah ich den Vogel wieder, / Der mir so tief verhasst! Voll Gift / Schaut er auf mich nieder. // Du hässlicher Vogel, wirst du einst / Mir in die Hände fallen, / So rupfe ich dir die Federn aus / Und hacke dir ab die Krallen.«[21]

Obwohl die Reimereien des Arztes und Dilettanten Hoffmann nicht mit den Versen eines Heinrich Heine vergleichbar sind, ist es schon erstaunlich, welche Nachwirkungen der *Struwwelpeter* ausgelöst hat, die durchaus an die Rezeptionsbreite Heines heranreichen. Die sehr deutliche und drastische Ausdrucksweise der Bilder Hoffmanns, die Schlichtheit seiner Reime und die Gradlinigkeit der Aussage haben ihren Platz im kulturellen Gedächtnis der Kinder und Erwachsenen gefunden.

---

18   Annette von Droste-Hülshoff: *Gedichte*. Hg. von Bernd Kortländer. Stuttgart: Reclam 2003, S. 52.
19   Vgl. G.H. Herzog / Helmut Siefert: *Struwwelpeter-Hoffmann*, S. 24.
20   Heinrich Heine: *Deutschland. Ein Wintermärchen. Erläuterungen und Dokumente*. Hg. von Werner Bellmann. Stuttgart: Reclam, 1990, S. 96.
21   Heinrich Heine: *Deutschland. Ein Wintermärchen*. Hg. vom Werner Bellmann. Stuttgart: Reclam, 2001, S. 15.

Hanna Dornieden

»Ein Schreibheft mit leeren weißen Blättern«?
Vor-Bilder des »Struwwelpeter«

Dr. Heinrich Hoffmann muss ein unterhaltsamer Typ gewesen sein, ein gebildeter und geselliger Zeitgenosse. In seinem bildungsbürgerlichen Obst- und Gemüse-Club »Tutti Frutti« nannte er sich die »Zwiebel«, den *Struwwelpeter* ließ er zunächst unter dem Decknamen *Reimerich Kinderlieb* erscheinen und in seiner nebenberuflichen Tätigkeit bezeichnete er sich als »Gelegenheitsversemacher«[1].

Als dieser Mensch nun im Jahr 1844 kein geeignetes Bilderbuch als Weihnachtsgeschenk für seinen dreijährigen Sohn auftun konnte, kaufte er kurzerhand »ein leeres Schreibheft«[2], wie seine Frau entsetzt feststellen musste. Dieses Heft füllte Hoffmann bis zum Fest, angeblich »ohne viel Vorbereitung«[3], mit dem *Struwwelpeter*. Der Sohn bekam den Prototyp geschenkt, musste das Buch jedoch immer wieder hergeben, weil Hoffmann es den Verwandten und den anderen *Frutti* vortrug – und auch von den Erwachsenen einigen Beifall einheimste.

Der *Struwwelpeter* ist daher nicht nur ein Kinderbuch mit pädagogisch wertvollen Inhalten, sondern auch ein Erwachsenenbuch mit einigem Unterhaltungswert. Dabei hat das Personal des *Struwwelpeter*, welches Hoffmann nach eigener Aussage völlig spontan auf die leeren weißen Blätter des Schreibheftes zauberte, neben des Autoren Phantasie durchaus weitere Ursprünge.

Der *Struwwelpeter* ist ein Tuttifrutti von Motiven aus Kinder- und Erziehungsliteratur, aus politischer Karikatur, aus volkstümlicher Bild- und Erzähltradition und zeitgenössischer Situation. Die Traditionen und Vor-Bilder sollen im Folgenden spotlightartig beleuchtet werden.

---

1 Zitiert nach Marie-Luise Könneker: *Dr. Heinrich Hoffmanns »Struwwelpeter«. Untersuchungen zur Entstehungs- und Funktionsgeschichte eines bürgerlichen Bilderbuchs.* Stuttgart: Metzler, 1977, S. 10.
2 Zur Entstehung des *Struwwelpeter* äußerte sich Hoffmann u.a. in der Zeitschrift *Die Gartenlaube*. Hier zitiert nach G.H. Herzog / Helmut Siefert: *Struwwelpeter-Hoffmann. Texte, Bilder, Dokumentation, Katalog.* Frankfurt/M.: Verlag Heinrich-Hoffmann-Museum, 1978, S. 11.
3 Ebd., S. 11.

Neue Verbindung von Bild und Text

Zunächst hat Hoffmann auf formaler Ebene ein Novum geschaffen: Ein Buch, in dem die Bilder derart im Vordergrund stehen, dabei eine Handlungsabfolge darstellen und mit einem auf sie bezogenen, auch noch gereimten Text versehen sind, gab es vor dem *Struwwelpeter* nicht. Jedoch lässt er sich durchaus in die Tradition der populären Druckgrafik einreihen[4]: Hier ist vor allem der sogenannte »Bilderbogen« von Bedeutung, der eine Form der Druckgrafik ist und, in farbigen Bilderreihen und meist mit unterlegtem Text, zunächst vor allem religiöse, dann zunehmend auch profane Themen behandelt. Dabei hängen die Bild-Text-Einheiten untereinander nicht als chronologischer Handlungsablauf zusammen, sondern sind eher ein Kompendium zu einem bestimmten Thema. Besonders bekannt sind die Bilderbögen von Gustav Kühn aus Neuruppin, die seit 1825 herausgegeben werden und die Heinrich Hoffmann bestimmt auch kannte.

Im 16. Jahrhundert entwickeln sich aus den Bilderbögen »ABC-Bücher«, in welchen jeder Buchstabe des Alphabets mit einem passenden Tier oder Gebrauchsgegenstand bebildert und mit einem Zweizeiler versehen wird. Zweck dieser Bücher ist, Kindern das Alphabet näher zu bringen; sie sind also für Kinder bestimmt und können daher als eine der frühesten Formen von Kinderbüchern gesehen werden.

Auch andere Themen, vor allem »unerhörte Ereignisse«, finden in Bilderbögen Niederschlag, diese fungieren als illustrierter »Zeitungs-Ersatz« oder sogar als polemisches Flugblatt. Die Bilderbögen werden thematisch wie formal ständig erweitert (so werden den Buchstaben der ABC-Bücher moralische Vierzeiler oder ganze Lesestücke hinzugefügt). Ein prominentes Beispiel für eine inhaltlich aufeinander bezogene Darstellung mit erklärenden und belehrenden Vierzeilern ist die Kupferstichreihe *Die vier Stationen der Grausamkeit* (*The four stages of cruelty*) von William Hogarth (auf die später noch genauer eingegangen wird). Die Einzelbilder folgen zwar inhaltlich aufeinander, stellen aber keinen unmittelbaren Handlungsablauf dar.

---

4   Zum Medium der Bildergeschichte siehe Könneker, *Bürgerliches Bilderbuch*, S. 37-60. Weiterhin: Stichwort »Bilderbogen« in: *Wörterbuch der deutschen Volkskunde*. Begründet von Oswald A. Erich und Richard Beitl. 3. bearbeitete Auflage. Stuttgart: Kröner, 1974, S. 88-89; Wolfgang Brückner: *Populäre Druckgraphik Europas. Deutschland vom 15. bis zum 20. Jahrhundert*. München: Georg D.W. Callwey, 1975.

Hoffmann ist der erste, der die lange Bilderbogentradition um den entscheidenden Schritt zur comicähnlichen Bild-Text-Geschichte erweitert. Dass er in diesen Geschichten trotzdem auf Bilderbogen-Themen zurückgreift bzw. in Bilderbogen-Manier aktuelle Themen behandelt, wird im Folgenden zu zeigen sein.

Populäre Themen

Der *böse Friederich* quält gerne Tiere. In seiner *Geschichte* vor allem einen Hund und zwar so lange, bis dieser seinen Peiniger bis aufs Blut ins Bein beißt und entwaffnet. Zur Strafe und mit Schmerzen muss Friedrich daraufhin im Bett liegen und die Medizin des Doktors schlucken, während der Hund am Tisch Friedrichs Leberwurst futtert.

Schon vor Hoffmann wurde in der (gerne mit moralischen Inhalten angereicherten) populären Grafik vor dem Tiere-Quälen gewarnt, oft richtete sich dieser Anti-Grausamkeits-Appell speziell an Kinder. So findet sich etwa in Mary Elliots *Die gequälten Thiere oder: bestrafte Grausamkeit* (Berlin 1836) ein »Vor-Bild« Friedrichs. Ein anderes Beispiel, *Die verkehrte Welt in Bildern und Reimen* (Stuttgart um 1840), zeigt, dass Hunde die dem Herrn entrissene Peitsche im Bedarfsfall auch benutzen.

Eine sehr drastische Darstellung dieses Themas wählt der britische Sozialkritiker William Hogarth, der in seiner Kupferstichreihe *Die vier Stationen der Grausamkeit* (1751 in London erschienen)[5] zeigt. Dabei will er vor allem auf die grausame Be-

---

5   William Hogarth: *Der Kupferstich als moralische Schaubühne.* Stuttgart: Gerd Hatje, 1987, S. 174-181.

FIRST STAGE OF CRUELTY.

While various Scenes of sportive Woe,
The Infant Race employ,
And tortur'd Victims bleeding shew
The Tyrant in the Boy.

Behold! a Youth of gentler Heart,
To spare the Creature's pain,
O take, he cries—take all my Tart,
But Tears and Tart are vain.

Learn from this fair Example—You
Whom savage Sports delight,
How Cruelty disgusts the view,
While Pity charms the sight.

Design'd by W. Hogarth. Publish'd according to Act of Parliament Feb.y 1.st 1751. Price 1.s

THE REWARD OF CRUELTY.

Behold the Villain's dire disgrace!	Torn from the Root, that wicked Tongue,	His Heart expos'd to prying Eyes,
Not Death itself can end.	Which daily swore and curst!	To Pity has no Claim;
He finds no peaceful Burial Place,	Those Eyeballs from their Sockets wrung,	But, dreadful! from his Bones shall rise,
His breathless Corse no friend.	That glow'd with lawless Lust!	His Monument of Shame.

Schnell Apporte Such verloren
Wart' ich will dich Mores
lehren,
Sollst auf deinen Herrn
stets hören!

handlung von Tieren hinweisen und die Folgen solcher Brutalität aufzeigen. In der ersten Stufe ist der »Held« Tom Nero von verschiedenen Menschen umgeben und alle sind sie damit beschäftigt, Tiere, vor allem Hunde und Katzen, auf vielfältige Weise zu misshandeln. In Station zwei ist Nero erwachsen geworden und vergreift sich nun am Kutschpferd. Station drei zeigt ihn als Mörder eines Mädchens und in Station vier wird die Strafe dafür verbildlicht: Nero wurde gehängt, liegt nun im Anatomiesaal auf dem Seziertisch und wird von Ärzten detailliert auseinander genommen. An prominenter Stelle des Bildes frisst ein Hund Neros herabfallende Eingeweide. Verglichen damit kommen bei Hoffmann sämtliche Beteiligte glimpflich davon: der Arzt verabreicht Friedrich nur Medizin und der Hund bekommt lediglich Friedrichs Kuchen zu fressen.

Hoffmann scheint nicht nur durch Bildvorlagen inspiriert, sondern auch durch sozial relevante Themen motiviert zu sein: 1841 – drei Jahre vor Entstehung des *Struwwelpeter* – wurde (wohl nicht ohne Veranlassung) der Frankfurter Tierschutzverein gegründet.[6]

Einen ähnlichen aktuellen Anlass könnte *Die gar traurige Geschichte mit dem Feuerzeug* gehabt haben: 1829 kamen die ersten Schwefelhölzchen auf den Markt, ab 1834 wurden Schwefelhölzchen in Darmstadt produziert und in ganz Deutschland ausgeliefert. Diese Feuerwerkzeuge wurden als »Emancipationsmittel«[7] der Frauen gerühmt – das Herdfeuer musste nun nicht mehr ständig überwacht werden –, gleichzeitig waren sie, zumal noch an jeder Fläche entzündbar, vor allem für Kinder eine Gefahrenquelle. Da die Häuser noch überwiegend aus leicht brennbaren Materialien bestanden und wenig Löschvorrichtungen vorhanden waren, konnte ein Herdfeuer oder Lampenlicht Auslöser einer mittleren Katastrophe werden –

---

6   Vgl. *Der Struwwelpeter – Entstehung eines berühmten deutschen Kinderbuchs. Eine Ausstellung des Arbeitskreises »Bürger gestalten ihr Museum«.* Frankfurt/M.: Heinrich-Hoffmann-Museum, 1983, S. 14.
7   Ebd., S. 20.

zum Beispiel wurde 1842 halb Hamburg durch einen Brand vernichtet.

Dass die Warnung vor dem Spiel mit Feuer in vielen »pädagogisch wertvollen« Bildfolgen der Zeit auftaucht und auch Hoffmann sie an seinen Sohn weiterleitet, ist leicht nachzuvollziehen.

Für die Geschichten Hoffmanns lassen sich aber – mehr oder weniger von diesem intendiert – oft noch weitere Interpretationsmöglichkeiten finden. In dem Kapitel »Strategien zur Unterdrückung der kindlichen Sexualität und die Bedeutung der sexuellen Symbolik im *Struwwelpeter*« weist Marie-Luise Könneker auf die weitere Bedeutung hin, die ein mit Feuer spielendes Mädchen haben kann.[8] So ist Paulinchen die einzige weibliche Heldin im *Struwwelpeter*. Das kann Zufall oder der angesprochenen Bildtradition geschuldet sein; jedoch macht Könneker auf die auffällige Ausstaffierung des Mädchens mit spitzenbesetzter Kleidung, hervorschauenden Höschen und übertrieben vielen Schleifchen aufmerksam und charakterisiert Paulinchen als kokett. Das Mädchen spiele mit dem Feuer und sei in diesem Doppelsinn vielleicht nicht nur flammend, sondern auch »entflammt«[9]. Das animiert Könneker zu einem Hinweis auf Hexenverbrennung, bei welcher Mädchen und Frauen ihre angebliche Unzucht auf dem Scheiterhaufen büßen sollten (was im Volksglauben und damit auch in der volkstümlichen Abbildung bekanntlich eine lange Tradition hat)[10].

---

8   Vgl. Könneker, *Bürgerliches Bilderbuch*, S. 146-153, bes. S. 151f.
9   Ebd., S. 153.
10 Vgl. ebd., S. 153. – Einen Hinweis ganz anderer Art – der vielleicht wirklich nicht die Absicht des Autors trifft, aber trotzdem interessant ist – gibt Könneker in Bezug auf Minz und Maunz, die Katzen. Diese seien möglicherweise eine »Parodie auf die Funktion des antiken Chores« (S. 108) in der Tragödie, da sie die Heldin warnen, ihr aber nicht helfen können, sie beklagen. Hoffmann habe sie sogar mit einem Chorgesang + Refrain ausgestattet (»Miau! Mio! Miau! Mio! / Lass stehn! Sonst brennst du lichterloh!«, »Miau! Mio! Miau! Mio! / Wirf's weg! Sonst brennst du lichterloh!«). Dass es ausgerechnet Katzen sind, die diese »Katzenmusik« veranstalten, ist nur eine der Pointen, die sich bei der genaueren Beschäftigung mit Hoffmanns Geschichten auftun.

Weites Feld der verkehrten Welt

Eine weitere *Geschichte*, die einen fast beliebigen Interpretationsspielraum eröffnet, ist die *vom wilden Jäger*. In ihr demonstriert Hoffmann die »Verkehrte Welt«, ein Thema, das seit der Antike in verschiedenen Variationen und Konstellationen in Bilderbögen als auch in der Literatur auftaucht. Es werden verschiedene Tier-Mensch-Verkehrungen gezeigt, zum Beispiel das Kutschpferd, das nun von seinem Herrn gezogen wird. Hase und Jäger aber sind insofern besonders beliebt[11], als ein als Aufrührer fungierender Hase – ein »Hasenfuß« – besonders lächerlich wirkt und gleichzeitig die Umkehrung der Kräfteverhältnisse am wirksamsten präsentiert. Bei Hoffmann ist es jedoch weniger der Hase, der zur komischen Figur wird, als vielmehr der ach so wilde Jäger, der zu seiner kühnen Ausrüstung als weiteres Attribut eine Brille mitbekommt und als blinder Jäger den Hasen übersieht (eine realistische Handlung also). Der Hase ergreift die Macht, der Jäger flieht – ein fliehender Jäger ist in der Darstellungstradition ebenfalls eher selten – und kann *sich* mit einem Sprung in den Brunnen retten, seine Würde aber nicht. Zunächst will Hoffmann also den angeberischen Jäger aufs Korn nehmen.

Jedoch war er sich gewiss auch über den sozialrevolutionären Gehalt dieser Darstellungsform im Klaren:

Seit dem Mittelalter ist die »Verkehrte Welt« eine Möglichkeit, subtil Kritik etwa an der Ständeordnung zu äußern. Der Wunsch nach sozialer Umkehr wird direkt dargestellt, »sozial-revolutionäres Denkpotential«[12] mobilisiert. In der Zeit des Vormärz, der Entstehungszeit des *Struwwelpeter*, hat dieses Thema selbst für den Revolutionsskeptiker Hoffmann einige Brisanz. Zumindest auf der Textebene warnt Hoffmann vor der Verkehrung der Verhältnisse, denn es ist vor allem das Hasenkind, das Schaden nimmt: Doch bei dem Brünnchen heimlich saß / des Häschens Kind, der kleine Has'. / [...] dem floss der Kaffee auf die Nas', / er schrie: »Wer hat mich da verbrannt?«. Übertrüge man diesen eingebauten Generationenkonflikt auf die gesellschaftliche Hierarchie, würde das nun bewaffnete Bürgertum (der große Hase) den Jäger (Adel) zwar erschrecken, dann aber seine Waffe auf das Proletariat (den kleinen Hasen) richten.[13]

---

11 »Die Umkehr des Tier-Mensch-Verhältnisses in der Jagd des Hasen auf den Menschen ist ein altes und verbreitetes Motiv der Volkskunst und des Schwankes, das auch Hans Sachs, Lucas Cranach u.a. benützten.« Artikel zu dem Stichwort »Hase« in: *Volkskunde-Wörterbuch*, S. 331.
12 Könneker, *Bürgerliches Bilderbuch*, S. 183.
13 Vgl. ebd., S. 192f.

Auf dieser politischen Interpretationsebene, die dem volkstümlichen Thema immanent und von Hoffmann aufgegriffen ist, zeigt die Geschichte eine ambivalente Moral: einerseits ist die frühere Autorität vom »sozial niedriger Gestellten« bloßgestellt. Andererseits ist auch eine – vielleicht unfreiwillige – Karikatur des Bürgertums implizit, welches zwar die Waffe in seinen Besitz bringt, mit dieser aber nicht so Recht umzugehen weiß und eher sich selber schadet.

Niklas und Struwwelpeter

Das Verschränken von politisch-aktuellem mit volkstümlichem und pädagogischem wird an zwei weiteren Figuren noch deutlicher: an Niklas und am Struwwelpeter. Diese beiden sind weit größer das alle anderen Personen des Buches und sind damit herausgehoben, fungieren gleichzeitig als Komplementärfiguren.

Der Niklas der *Geschichte von den schwarzen Buben* führt zunächst zwei Traditionslinien zusammen: Zum einen ist er – mit Bart, Mantel und Mütze – dem Heiligen Nikolaus entlehnt. Dieser Heilige und Schutzpatron galt zunächst als Wohltäter, entwickelt aber in der volkstümlichen Überlieferung auch gegenteilige Züge, wenn er als strafender Nikolaus etwa Knecht Ruprecht mitbringt oder die Rute direkt selber schwingt. Zum anderen wird der böse, wilde Niklas mit den kleinen Kindern im Arm zum Kinderfresser, einer Schreckgestalt also, die ebenfalls eine lange ikonographische Tradition hat. Gelegentlich werden Kinderfresser und Nikolaus im Volksbrauch sogar zu einer Person, wenn der Nikolaus die Kinder nicht mit der Rute, sondern mit Gefressen-Werden bestraft.

Darüber hinaus erinnert Niklas mit den Attributen Tintenfass und Buben an eine Legende über den Heiligen: Dieser soll drei fahrende Schüler, die ein garstiger geldgieriger Wirt zerstückelt und in einem Bottich eingesalzen hatte, aus dem Fass befreit und wiederbelebt haben. Seitdem gilt er als Schutzpatron der Schüler, der Reisenden und der Kinder.[14]

Hoffmann dreht nun diese Legende gewissermaßen um: die drei Buben mokieren sich über den fremd aussehenden (reisenden?) Mohren und werden von Niklas zur Strafe ins Fass gesteckt. Die Zuordnung von gut/böse ist also nicht ganz einfach, denn Nikolaus straft, indem er die Buben im Fasse schwärzt und er hilft dadurch dem ausgelachten Mohren. Ist dies also ein moderner Nikolaus, der für Gleichbehandlung eintritt? Jedoch sind die Buben nach dem Tauchbad nicht etwa geläutert, sondern sie lachen das Mohrenkind, obwohl nun selber schwarz, weiterhin aus. Auf den zweiten Blick ist nicht eindeutig, was am Ende schlimmer ist – Auslachen oder Schwarzsein.

Neben den pädagogischen Zügen und dem ikonographischen Gehalt finden sich im Niklas aber auch zeitgeschichtliche Anspielungen: Zunächst sind die Attribute Tintenfass, Feder und Schere (welche im Buch mehrmals auftaucht, etwa im Sockel des Struwwelpeter) typische Hinweise auf Zensur.

Weiterhin ist Niklas mit einer Kosakenmütze und orientalischen Pantoffeln ausstaffiert, er sieht aus wie ein russischer Orthodoxer. Marie-Luise Könneker identifiziert hier eindeutig den damaligen russischen Zaren Nikolaus I. (regierte von 1825 bis 1855).[15] Dieser reaktionär-antireformerische Orthodoxe war bei fortschrittlichen Kräften in ganz Europa nicht besonders beliebt und wurde daher gerne in Karikaturen »bearbeitet«. Hat Hoffmann hier also wieder eine »Verkehrte Welt« dargestellt und aus dem Zaren einen Toleranzapostel gemacht? Oder finden sich sogar noch tiefere politische Interpretationsmöglichkeiten?

In der gesamten ersten Hälfte des 19. Jahrhunderts war die »orientalische Frage« ein schwieriger Konflikt in ganz Europa. Frankreich, Großbritannien und Russland stritten um die Vorherrschaft in der Türkei, wobei es vor allem um das Gebiet des Donau-Deltas – Zugang zum Schwarzen Meer und strategisch wichtiger Punkt für den Orienthandel – ging. 1833 schlossen Russland und die Türkei ein Defensivbündnis, nach dem sich die Türkei verpflichtete, im Kriegsfall die Meerenge zu schließen. Darüber waren vor alle die Briten erbost.[16] Vielleicht zeigt Hoffmann hier also denn russischen

---

14 Vgl. Erhard Gorys: *Lexikon der Heiligen*. 3. Aufl. München: dtv, 1999, S. 228.
15 Vgl. Könneker: *Bürgerliches Bilderbuch*, S. 199.
16 Vgl. *Der Große Ploetz. Die Daten-Enzyklopädie der Weltgeschichte. Daten, Fakten, Zusammenhänge*. 32. Aufl. Freiburg: Herder, 1998, S. 988f.

Nikolaus, der für die Orientalen – Türken eintritt und die europäischen Mächte in der Tinte sitzen lässt. Diese sind zudem als herumalbernde Schüler – auf den heiligen Nikolaus geht auch die Tradition des Schülerfestes zurück – dargestellt.

Der überdimensionalen Autoritätsfigur Niklas stellt Hoffmann den ungezogenen, radikalen Struwwelpeter gegenüber. An dieser Stelle kann nicht auf sämtliche Bedeutungsmöglichkeiten dieser Figur eingegangen werden, jedoch ist offensichtlich, dass auch dieser verschiedene Vorbilder hat.

Einerseits erinnert er stark an derzeit populäre Karikaturen über den unvorsichtigen Gebrauch von Haarwuchspomaden. Diese kamen aus Paris und wurden in Deutschland gerne nachgeahmt.[17] Kombiniert mit dem alten Frankfurter Spottnamen »Strubbelkopf« war der Struwwelpeter in Hoffmanns Phantasie schnell geboren.

Mit dem Motiv des ungehinderten Wachstums von Haaren und Nägeln spielt Hoffmann jedoch auch auf eine weit ältere Tradition an. So symbolisierten Haare und Nägel von jeher Kraft und Wachstum. Nicht umsonst hatte die Haartracht stets eine besondere Bedeutung – der Adel trug lange Locken oder Perücken, Bauern waren kurzgeschoren. Die Haartracht zeigte die Klassenzugehörigkeit. Burschenschaftler verachteten den Zopf und trugen das Haar lang bis auf die Schultern. Auch die Bekleidung des Struwwelpeter erinnert an die der Burschenschaftler (diese zogen den altdeutschen Rock dem bürgerlichen Frack vor; rot-weiß-grün waren Farben der Jenaer Burschenschaft). Vielleicht ist Struwwelpeter also ein »Radikaler«[18]?

---

17 Z.B. im *Intelligenz-Blatt der Freien Stadt Frankfurt* in einer Anzeige für »Aechtes Schweizer-Kräuter-Oel«, In: *Berühmtes deutsches Kinderbuch*, S. 10.
18 Zu diesem Absatz siehe: *Der Struwwelpeter als Radikaler.* In: Könneker, *Bürgerliches Bilderbuch*, S. 209-238. (Die Überschrift des Absatzes ist wiederum ein Zitat aus: Franz Dingelstedt: *Der Struwwelpeter als Radikaler. Keine Denunciation aber eine Warnung.* In: *Fliegende Blätter* Bd. 6 Jg. 1848, S. 29ff.)

Macht Hoffmann sich über die Radikalen lustig, indem er sie zum ungepflegten und ungezogenen Spottbild macht? Ab der 1858er-Fassung steht der Struwwelpeter zementiert auf einem Sockel – ist der Revolutionär hier zum warnenden Standbild geworden?

Der Traum und das Fliegen

Auch in den letzten beiden Geschichten des *Struwwelpeter*, der Geschichte vom Hanns Guck-in-die-Luft und der Geschichte vom fliegenden Robert, nimmt Hoffmann ein beliebtes Thema der Zeit auf: Es geht um Tagträumerei und den Traum vom Fliegen – und um die jeweiligen Folgen.

Vor allem der Wind ist eine bedeutende Persönlichkeit der damaligen Karikatur: In Rudolph Töpffers *Komische Bilder-Romane. Lustige Geschichten und Karikaturen des berühmten Verfassers der Genfer Novellen*[19] spielt in der Geschichte *Künstler Pinsel* neben ebendiesem ein »kleiner Zephyr« die Hauptrolle. Pinsel zeichnet sehr gern nach der von ihm so geliebten Natur und ist mit seiner Arbeit stets absolut zufrieden, selbst wenn er nur die Rückseiten seiner Bilder betrachtet. Zephyr entführt dem in Gedanken versunkenen zunächst Meisterwerk und Mütze, kurz darauf kommt ein »ehrsamer Meister« vorbei und der kleine Wind »belustigt sich damit, [diesem] seinen Regenschirm zu öffnen. Dann bläst er stark von unten.«[20] Die Künstler heben also ab – sowohl metaphorisch als auch körperlich, mit dem Vehikel und bürgerlichen Attribut des Regenschirms. Einen solchen Höhenflug hat auch Robert, weil er sich nicht den bürgerlich-normativen Vorstellungen entsprechend verhält.

Ebenfalls nicht diesen Erwartungen entspricht Hanns, der Tagträumer. Bloß hebt der nicht ab, sondern bewegt sich in die

---

19 Reprint, erschienen in Darmstadt: Metzler, 1975. Die Erstausgabe muss vor 1846 erschienen sein.
20 Rudolph Töpffer: *Komische Bilder-Romane. Lustige Geschichten und Karikaturen des berühmten Verfassers der Genfer Novellen*, Darmstadt: Metzler, 1975, S. 3.

Gegenrichtung und fällt. Hoffmann zeigt hier »den romantischen Topos des ziellos sehnsüchtigen Umherschweifens«[21] (und dessen Folgen) und variiert damit ein Thema vor allem der Literatur der Zeit. In dem Märchen *Der Goldene Topf* des zufälligen Namensvetters ETA Hoffmann heißt es etwa: »»Herr Studiosus, Herr Studiosus, eilen Sie nicht so – gucken Sie nicht so in die Wolken – Sie könnten auf die Nase fallen.‹«[22] Während der Held des Märchens, Anselmus, aber aus dem bürgerlichen Alltag hinein in ein phantastisches Reich der Poesie flüchtet, bleibt bei Hoffmanns Hanns bis auf die lachenden Fische alles sehr real, »triefend nass« ist der am Ende.

So zeigt der »Bürger« Hoffmann hier anscheinend die Strafen für Konventionen-Verstoß. Dass jedoch Hanns am Ende derart Mitleid erregend da steht, zeigt eine gewisse ironische Sympathie des Autors für seinen Helden. Wie immer ist Hoffmanns Urteil ambivalent: natürlich werden zerstreute Träumerei und Regelverstoß verurteilt. Doch immerhin: der letzte Held entkommt, wohin, »das weiß kein Mensch zu sagen«.

Reimerich Kinderlieb

Heinrich Hoffmann hat stets ein ironisch-gebrochenes Verhältnis zu seinen Figuren, zu seinen Quellen und zu dem Medium (Kinderbuch), das er für seine Satire wählt. Gleichzeitig nimmt er aber sowohl seine Helden als auch die unterschiedlichen Rezipienten (Kinder und Erwachsene) seines Fabrikats durchaus ernst. Vielleicht macht vor allem diese Vielseitigkeit den Reiz des Buches aus.

Welche Momente er dabei bewusst kreiert oder eher intuitiv, bleibt natürlich Spekulation. Man sollte nicht davon ausgehen, dass Hoffmann alle genannten Bild- und Themenvorlagen beim Verfassen des *Struwwelpeter* bewusst vor Augen hatte oder aktiv in die Planung einbezog – zumal die Geschichten nach eigener Aussage innerhalb kurzer Zeit, also relativ spontan, entstanden. Vielmehr sollte anhand der oben genannten Beispiele gezeigt werden, in welcher Traditionslinie Hoffmann mit seinem Werk steht und vor welchem bildungsbürgerlich-kommunikativen Hintergrund dieses entstand. Vermutlich nahm Hoffmann all seine Themen *irgendwann* bewusst wahr und konnte nun beim Erfinden seiner Geschichten auf seinen visuellen und

---

21 Könneker, *bürgerliches Bilderbuch*, S. 131.
22 E.T.A. Hoffmann: *Der Goldene Topf*. Braunschweig 1948, S. 88. Zitiert nach Könneker, *Bürgerliches Bilderbuch*, S. 131.

narrativen Fundus mit leichter Hand zurückgreifen. Geübt sowohl in Kinderunterhaltung als auch in Erwachsenenbelustigung führte der Satiriker *Reimerich Kinderlieb* den *Struwwelpeter* zum Erfolg, auf sein universales Talent zurückgreifend: »Herr Hoffmann ist zu gar nichts nütz', / Der macht zu allem schlechte Witz.«[23]

---

23 Dies sagte Hoffmann über sich selber, in einem seiner zahlreichen Geburtstags- und Jubiläen-Gelegenheitsgedichte. Zitiert nach: Könneker, *Bürgerliches Bilderbuch*, S. 11.

Günther Frank

»Was soll das Kind mit solchen Fratzen...«
Zur Formanalyse des »Struwwelpeter«

Der *Struwwelpeter* ist wahrscheinlich eines der meist verbreiteten Kinderbücher weltweit. Selbst heute, 160 Jahre nach seinem Erscheinen, können Menschen, die das Buch nie in der Hand gehabt haben, seine Verse zitieren. Obwohl die Moral des *Struwwelpeter* in unserer Zeit, da der Umgang mit Kindern liberaler geworden ist, gewiss nicht mehr die Aktualität wie im 19. Jahrhundert besitzt, haben sich Bilder und Text ins kollektive Gedächtnis zumindest der Deutschen eingebrannt. Das hat das Werk mit den Märchen gemein, obwohl es ja nicht wie diese auf mündlichen und schriftlichen Überlieferungen beruht, also nicht in der Tradition der Volkspoesie steht, sondern eine Erfindung eines pädagogisch und literarisch sensiblen Nervenarztes ist.

Wie lässt sich die ungemeine Resonanz erklären? Da sind natürlich die Inhalte und Motive des Buches, die sich auf ganz alltägliche Bedürfnisse von Kindern beziehen. Sie behandeln über die Zeitgebundenheit der Erziehungs- und Sanktionsregeln hinaus anthropologische Konstanten: jedes Kind hat Aggressionen gegenüber Menschen und Sachen, will nicht alles essen, spielt gern mit Feuer etc. Insofern können jedes Kind und jeder Erwachsene sich mit dem Geschehen identifizieren. Im folgenden geht es aber um die Form, um die Art der Bilder und Texte. Die These ist, dass auch die spezifische Form, die comicartige Reduktion, die dilettantische Vereinfachung der Figuren, der Zeichnung, der Farben und der Verse die enorme Wirkung herbeigeführt haben. Die Simplizität der Gestaltung lässt den Inhalt leicht im Gedächtnis haften.

Wie sieht die formale Darstellung im einzelnen aus? Wichtig ist, dass vom Primat des Bildes gesprochen werden muss, wie Hoffmann selber betont. »Das Kind lernt einfach nur durch das Auge, und nur das, was es sieht, begreift es. Mit moralischen Vorschriften, zumal weiß es garnichts anzufangen. Die Mahnung: sei reinlich! Sei vorsichtig mit dem Feuerzeug und laß es liegen! Sei folgsam! – das alles sind leere Worte für das Kind. Aber das Abbild des Schmutzfinken, des brennenden Kleides, des verunglückenden Unvorsichtigen, das Anschauen allein erklärt sich selbst und belehrt.«[1] Die Rezeption vor allem bei Kleinkindern läuft über die Wahrnehmung

---

1   E. Hessenberg (Hg.): *Struwwelpeter-Hoffmann erzählt aus seinem Leben*. Frankfurt: Insel, 1926, S. 106.

der Bilder. Der Text hat nur eine dienende Funktion. Insbesondere die Drastik der Geschichten lässt sich besser visuell beschreiben. Hoffmann berichtet eindringlich, wie er bei der ärztlichen Behandlung von Kindern deren Aufmerksamkeit gewann durch das rasche Skizzieren der die Probleme verbildlichenden Zeichnungen. Dabei legt er großen Wert auf die Primitivität, den Dilettantismus der Darstellung. Er orientiert sich an der Kinderzeichnung.

Trotzdem hat man den Struwwelpeter auch großer Sünden beschuldigt, denselben als gar zu märchenhaft, die Bilder als fratzenhaft oder derb getadelt. Da hiess es: ›Das Buch verdirbt mit seinen Fratzen das ästhetische Gefühl des Kindes‹. Nun gut, so erziehe man die Säuglinge in Gemäldegalerien oder in Cabinetten mit antiken Gipsabdrücken! Aber man muss dann auch verhüten, dass das Kind in sich selbst nicht kleine menschliche Figuren aus zwei Kreisen und vier graden Linien in der bekannten Weise zeichne und glücklicher dabei ist, als wenn man ihm den *Laokoon* zeigt. – Das Buch soll ja märchenhafte, grausige, übertriebene Vorstellungen hervorrufen.[2]

---

2 Hoffmann zur 100. Auflage des *Struwwelpeter*. Zitiert nach Helmut Müller: *Lexikon der Kinder- und Jugendliteratur*. Bd. 3: P-Z. Erarbeitet im Institut für Jugendbuchforschung der W. Goethe-Universität. Weinheim: Beltz, 1984, S. 485.

Hoffmann hat die Künstler, die die späteren *Struwwelpeter*-Auflagen illustriert haben, ermahnt, seiner rigorosen Unprofessionalität und Antiästhetik zu folgen – durchaus mit Erfolg. Die Verschönerungen halten sich in Grenzen. Es dominiert eine flächen- und umrisshafte, auf die Kontur gerichtete Zeichentechnik. Immer wieder werden die gleichen Grundfarben verwandt. Die Requisiten sind auf das Nötigste beschränkt. Die Figuren – ohne Schatten und ohne Körperlichkeit – werden stark schematisiert, ihre Gestik und Mimik sind in hohem Maße typisiert. Je naiver die Zeichnung, desto mehr formalisiert sie die Körpersprache zur grotesken Pantomime. Hoffmann spricht von »Dilettantengestalten«. Bewegungen und Haltungen werden ständig wiederholt. Die drei Jungen aus der *Geschichte von den schwarzen Buben* ändern ihre Posen und ihre Physiognomie überhaupt nicht. Den Personen, eher Schablonen als lebendige Wesen, fehlt jede Psychologie. Sie werden strikt von Außen dargestellt, es gibt keine Binnenperspektive, von ihrer inneren Motivation ist nicht die Rede. Sie werden auf ihr äußeres Verhalten reduziert, das nach dem behavioristischen Reiz-Reaktionsschema abläuft. Mit all diesen Stilmitteln kann der *Struwwelpeter* als Vorläufer des Comics angesehen werden. Dies gilt darüber hinaus für das Karikierende und Überzeichnende der Gestaltung. Der Schneider schneidet mit einer riesigen Schere den Daumen des Daumenlutschers ab, der Suppenkaspar magert zu einem Strichmännchen ab, bevor er stirbt. Dadurch wird das Geschehen in eine märchenhafte, traumhafte, surreale Dimension entrückt. Verstärkt wird dies auch dadurch, dass Hoffmann den in der (politischen) Karikatur seiner Zeit geläufigen Topos der Verkehrten Welt übernimmt, insbesondere das Stilmittel der Vermenschlichung der Tiere. Der Hund isst das Essen des bösen Friedrich, der Hase erschießt den wilden Jäger. Solche Verkehrungen, die wir auch von Märchen kennen, geben dem *Struwwel-*

peter eine für die Rezeption wichtige Ambivalenz. Einerseits werden schreckliche Geschichten erzählt, die bös und oft mit dem Tod enden, wird eine Moral ohne die geringste Nachsicht mit unartigen Kindern postuliert. Andererseits werden der Schrecken des Geschehens und der Pessimismus der Pädagogik durch die derbe Komik und die comichafte Lakonie abgeschwächt. Vielleicht kann man auch bei diesem Kinderbuch wie bei den Märchen von einer Entlastungsfunktion sprechen. Hoffmann wollte nicht nur belehren, sondern auch und vor allem unterhalten. Witz und Humor sollen es den Kindern ermöglichen, das grausame Geschehen und zugleich ihre eigenen Triebe und Ängste leichter zu verarbeiten.

Was über die Bildlichkeit gesagt wurde, gilt auch für die Form des Textes. Sie ist reduziert auf eine einfache, gleichförmige metrische und rhythmische Struktur. Die Kürze des Textes, die Knittelverse, die paarweise gereimten Zweizeiler und die zahlreichen Assonanzen und Alliterationen fördern ein rasches

Ein Kaffeehaus.

Behalten beim Leser. Man kann hier von Lautmalerei sprechen, deren emotionale Wirkung durch lautes Vorlesen verstärkt wird. In einem Rhetorik-Handbuch von 1829 heißt es: »Die Ausdrücke einer Rede können an sich selbst, bloß als Laute betrachtet und ganz abgesehen von den ausgedrückten Vorstellungen unser Gemüt zu einer Leidenschaft und zu einem Gefühl stimmen. Hierin besteht die bewegend rührende Kraft des Ausdrucks an sich selbst.«[3] Auch diese sinnliche, das Ohr ansprechende Klangqualität des Textes verweist auf den Comic.

---

3   Zitiert nach Marie-Luise Könneker: *Dr. Heinrich Hoffmanns ›Struwwelpeter‹*. Stuttgart: Metzler, 1977, S. 307.

Hoffmann stellt sich zweifelsohne in die Tradition der Volkspoesie mit ihrer »Stilqualität der Einfalt« (Kayser). Dazu gehören auch die Kinderliteratur, der Kinderreim, überhaupt die kindliche Sprache. Insbesondre die populäre Gattung des Bilderbogens spielt dabei die entscheidende Rolle. Kurze Geschichten werden mit einfachen Bildern und knappen Versen erzählt, oft auf Jahrmärkten für ein Publikum, das weder lesen noch schreiben konnte. Sie dienen der Belehrung, der Unterhaltung oder der Stellungnahme bei politischen Konflikten. Gewiss, der literarisch und künstlerisch gebildete Hoffmann war mit den Tendenzen der Gebrauchsgrafik, vor allem mit den verschiedenen Spielarten der Karikatur vertraut. Er kannte Hogarths Radierfolge *Der Weg eines Liederlichen*, die großen Drei der englischen Karikatur Cruikshank, Gillray und Rowlandson, Grandvilles *Bilder aus dem Staats- und Familienleben der Tiere*, die politischen Satiren von Daumier, Töpffers *Komische Bilderromane* usw. Aber der direkte Einfluss dieser ästhetisch entwickelten Grafik ist doch eher gering im Vergleich zum künstlerisch wenig ambitionierten, volkstümlichen Bilderbogen.

Was der Struwwelpeter mit diesem teilt, ist auch das dramatische, dynamisch-emotionale Aufbauprinzip der Geschichten, ihre Fallhöhe. In rasanter Geschwindigkeit läuft das Geschehen von banalen, alltäglichen Anlässen zu den schrecklichsten Folgen, wobei das Ende oft eine verblüffende und witzige Wendung erfährt. Immer wieder das gleiche Schema: Exposition, Aktion des Helden, Konfrontation mit der Autorität, Folgen der Handlung, Nachspiel mit Katastrophe und Moral. Die großartige Leistung Hoffmanns ist, dass er die drastische, reduzierte Form des Bilderbogens auf das Kinderbuch übertragen hat. Damit setzt er sich radikal ab von den zu seiner Zeit vorliegenden Kinderbüchern, die – so beklagt er – mit ihrer lehrhaften, sentimentalen erwachsenenpädagogischen Moral überhaupt nicht für Kinder von 3-6 Jahren geeignet sind. Wenn auch die Form des *Struwwelpeter* auf die von den kognitiven, emotionalen und moralisch-sozialen Entwicklungsstufen geprägte Wahrnehmungsweisen der Kinder zugeschnitten ist, so kann doch nicht bezweifelt werden, dass das Werk auch von Erwachsenen gelesen wird, unabhängig von seinen pädagogischen Intentionen. Das hängt wohl damit zusammen, dass der Autor bei seinen Figuren auf die traditionelle politische Ikonographie, wie sie sich etwa in der politischen Karikatur darstellt, zurückgreift. So enthält die Titelfigur des *Struwwelpeter* Anspielungen auf das gerade in den Revolutionszeiten von 1830 und 1848 vielfache publizierte Bild des gescheiterten Revolutionärs mit seinem unangepassten Äußeren. Auf weitere ikonographische Referenzen kann hier nicht eingegangen werden, die überragende Studie von Könneker liefert ausführliches Bildmaterial.

Eine eindeutige politische Botschaft, etwa im Sinne einer reaktionären Einstellung gegenüber den radikalen Burschenschaften, kann aus dem Kinderbuch allerdings nicht abgelesen werden. Wir wissen von der Biografie Hoffmanns, dass er einerseits als Reformer der Nervenheilanstalten Sympathien mit den Liberalen hegte und sich über spießige Umgangs- und Kleiderformen hinwegsetzte. Andererseits verspottete er die extremen und gewalttätigen Ansichten und Taten der Umstürzler. Ob die Art der Darstellung, vor allem die Bildlichkeit, über die im Text ausgeführte konservative Moral hinausweist, bzw. diese sogar konterkariert – so die These Könneckers – ist allerdings fraglich.

> Mit der Propaganda bürgerlicher Tugenden und Strafaktionen will Hoffmann die exemplarische Rezeption des Bildkontinuums vorgeben. Einzelne Bilder und Bilddetails lösen sich jedoch unvermutet aus dem zäh sich reproduzierenden

Zusammenhang von trotzigem Aufbegehren, gewaltsamer Disziplinierung und ohnmächtigem Sichfügen... und verweisen hinter dem Rücken des liberal-konservativen Autors auf die politisch-revolutionären Zielsetzungen des realen und medialen Kontextes, aus dem Bildzeichen und gestische Signale entnommen sind.[4]

Der objektive Gehalt des Struwwelpeter als Kunstwerk mag ja so offen und vieldeutig strukturiert sein. Aber kann seine Rezeption durch Kinder und Erwachsene diese Ambivalenz und Offenheit bestätigen? Da sind Zweifel angebracht. Könnekers These ist wohl eher dem Geist der Zeit geschuldet, in der sie aufgestellt wurde. Wenn – so können wir zumindest festhalten – die Form des *Struwwelpeter* mit ihren naiven, komischen, karikierenden, grotesken Aspekten seine Popularität begründet haben, dann ist es kaum möglich, ihn dem sentimentalen Biedermeier oder der schwarzen Pädagogik zu subsumieren.

4   Ebd., S. 242.

Walter Sauer

»Struwwelpeter« regional: Mundartliche Verkleidungen eines deutschen Kinderbuchs

Der Struwwelpeter kann stolz von sich behaupten, das älteste ununterbrochen verlegte Kinderbuch der Welt zu sein. Seit über 160 Jahren geistern sein ungekämmter Titelheld, der böse Friederich, der Suppenkaspar und die anderen unfolgsamen Gesellen samt der bedauernswerten Pauline nun schon durch die Kinderstuben und erfreuen – oder erschrecken – ihre kleinen (und großen) Betrachter. Das Buch hat alle Moden der Kinderliteratur und Pädagogik unbeschadet überstanden und erfährt in jüngster Zeit – nach Jahren zumeist ideologisch bedingter Diskreditierung – von vielen Seiten wieder eine wohlwollende Neubewertung.

Entstanden ist das Buch eigentlich als Gelegenheitswerk in einem Frankfurter Bürgerhaus der Biedermeierzeit. Sein Schöpfer, der Arzt Dr. Heinrich Hoffmann (1809-1894), hatte in der Vorweihnachtszeit des Jahres 1844 in den Buchhandlungen nach einem passenden Kinderbuch für seinen kleinen Sohn Carl Philipp gesucht, keines gefunden, das ihm gefiel, und sich schließlich dazu entschlossen, selbst, wie er später sagte, ein »Bilderbüchler« zu werden. Er schrieb und zeichnete sechs gereimte Bildergeschichten in ein einfaches Schreibheft und legte dies seinem Sohn unter den Weihnachtsbaum. Im darauffolgenden Jahr bekam ein mit Hoffmann befreundeter Verleger, Zacharias Löwenthal (später Carl Friedrich Loening), das Weihnachtsgeschenk zu Gesicht und überredete ihn, es drucken zu lassen. So erschien im Jahre 1845 bei der Frankfurter »Literarischen Anstalt (J. Rütten)« eine erste Auflage der *Lustigen Geschichten und drolligen Bilder für Kinder von 3-6 Jahren*. Sie wurden sofort ein regelrechter Bestseller. Bis zur 5. Auflage von 1847 wurde das Buch durch insgesamt vier weitere Geschichten ergänzt und erhielt den Titel *Der Struwwelpeter*. Seit der 31. Auflage von 1861 weist es auf allen 24 Seiten die uns heute bekannten Illustrationen auf (vgl. Sauer 1985 und 2003).

Schon bald nach seinem ersten Erscheinen begann der *Struwwelpeter* mit zahlreichen fremdsprachigen Übersetzungen eine beachtliche internationale Karriere, so daß Heinrich Hoffmann in seinen Lebenserinnerungen zu Recht mit Stolz feststellen konnte: »Der Schlingel hat sich die Welt erobert, ganz friedlich, ohne Blutvergießen, und die bösen Buben sind weiter auf der Welt herumgekommen als ich; in ganz Europa sind sie heimisch geworden, ich habe gehört, daß man ihnen in Nord- und

Südamerika, am Kap der guten Hoffnung, in Indien und Australien begegnet ist. Sie haben allerlei Sprachen gelernt, die ich selbst nicht verstehe ...« Mit Übersetzungen in rund vierzig verschiedene Sprachen gibt es in der Tat wenige Kinderbücher des 19. Jahrhunderts, die es hinsichtlich der weltweiten Verbreitung mit dem Buch aufnehmen können. Der Struwwelpeter ist heute längst ein Weltbürger geworden (vgl. Sauer 1984b, S. 121-126 und Sauer 1995a).

Zu der unvermindert anhaltenden Konjunktur der Originalausgabe des *Struwwelpeter* und den zahlreichen fremdsprachigen Übertragungen sind in letzter Zeit vermehrt neue Struwwelpeterfassungen in deutschen Dialekten gekommen. Sie tragen dazu bei, daß sich der »Schlingel« auch die eigene Heimat, in der er nun schon seit rund sechs Generationen bekannt ist, neu »erobert«. Er hat nicht nur viele Fremdsprachen gelernt, sondern spricht noch mehr deutsche Mundarten.

Die ersten Übertragungen des Buches in einen deutschen Dialekt verdanken wir bezeichnenderweise der deutschsprachigen Schweiz (vgl. Sauer 1995b), wo bereits 1926 eine Fassung erschien, die sich speziell an »Schwizerchind« wendet und ausdrücklich den Mangel einer eigenen schweizerdeutschen Ausgabe beklagt: »Nu die Chinde, wo schwizertütsch redet, die händ kein eigene Strubelpeter« (Formaigeat 1926). Es folgten, allerdings in beträchtlichem zeitlichen Abstand voneinander, weitere alemannische Übertragungen ins Berndeutsche (L. 1926) und Zürichdeutsche (Lienhard 1969).

Erst im Gefolge der »Mundartwelle« nahmen sich in größerem Stil Dialektautoren des Buches an und legten in den verschiedensten deutschsprachigen Regionen eine beachtliche Anzahl mundartlicher Übertragungen vor. Den Anstoß dazu gab zunächst der *Pälzer Schdruwwelpeder* (Sauer 1984a), der – selbst von den damals zahlreich entstehenden (und seither weiter vermehrten) Mundartfassungen von Wilhelm Buschs *Max und Moritz* inspiriert (vgl. Görlach 1982, 1990, 1995) – mehrere andere Dialektversionen nach sich zog. Dieser Trend hat bis heute angehalten, so daß inzwischen über 50 verschiedene Mundartversionen entstanden sind, von denen die meisten in Einzelveröffentlichungen, andere in einer Anthologie veröffentlicht wurden (Sauer 1996 und 2001). Inzwischen weist die dialektale Struwwelpeterlandkarte nur noch wenige weiße Flecken auf. Wäre die Formulierung politisch nicht so belastet, könnte der Struwwelpeter sogar fast beanspruchen, er sei in Dialekten »von der Maas bis an die Memel, von der Etsch bis an den Belt« vertreten. In der Tat reicht die Palette der mundartlichen Struwwelpeterfassungen von Südtirol bis nach Schleswig-Holstein und vom Niederrhein bis in die Elchniederung Ostpreußens (vgl. Sauer 2001). Vertreten sind oberdeutsche, mitteldeutsche und niederdeutsche Varianten. Auch verschiedene deutsche Mundartsprecher in fünf Nachbarländern haben sich des Themas angenommen, so in Österreich (Wien, Kärnten, Tirol, Oberösterreich), Italien (Südtirol), Frankreich (Oberelsaß und Lothringen), Luxemburg und der Schweiz (Zürich, Winterthur). Schließlich dokumentieren fünf Übersetzungen aus Vertreibungs- und Aussiedlungsgebieten (Niederschlesien, Ostpreußen, Ostsudeten, Mähren, Siebenbürgen) diese mit ihren letzten Sprechern aussterbenden Sprachformen.

Solche mundartlich verkleideten *Struwwelpeter* kommen natürlich nicht mehr nur zu den »artigen Kindern«. Zum großen Teil sind sie sogar der Gattung »Kinderbuch« entwachsen und wenden sich eher an den erwachsenen Mundartfreund. Mit ihren parodistischen Elementen können sie darüberhinaus auch den Liebhaber von literarischen Parodien interessieren, denn manche einfallsreichen Übersetzer erlauben sich bei der Regionalisierung durchaus Freiheiten, die in die Richtung einer Parodierung des Originals gehen. Man vergleiche dazu etwa die Umfunktionierung des Vorspruchs (»Wenn die Kinder artig sind ...) im *Revierdeutschen Strubbelpedder* (Wolf, 1995), der sich z. T. sehr weit vom Original entfernt: »Wenn ma Duisburg und auch Herne, / Castrop-Rauxel, Dortmund-Derne / An son Abend, son ganz schlappen, / En Bürgersteig nach oben klappen; / Wenn de Krötzkes, so ganz lütte, / Krösen stickum inne Hütte; / Wenn von Brassel und son Kram / Vadder will sein Ruhe ham, / Und de Mutter nimmt von Tisch / Bratskartoffeln und den Fisch: / Dann zusammen, groß und klein, / Ziehn sich dieset Büchsken rein."

Für den sprachlich Interessierten bieten diese Übertragungen neben den vielfachen Variationen der Lautung (und Schreibung) besonders im Wortschatz interessante Möglichkeiten des Vergleichs, wie man – um nur zwei Beispiele zu nennen – etwa an den unterschiedlichen regionalen verwendeten Bezeichnungen für Friederichs »Peitsche« oder für Paulinchens »Streichhölzer« sehen kann, die interessanterweise – freilich ohne Struwwelpeterbezug! – auch bei den wissenschaftlichen Erhebungen für den deutschen Sprachatlas eine Rolle spielten. Für »Peitsche« finden wir z.B. die folgenden Varianten: »Pitsch, Pietsch, Pietske, Pietsk, Swep, Swöppe, Schnacke« (alle niederdeutsch); »Petsche, Beidsche, Peitsch, Gääschel« (alle mitteldeutsch); »Peitsche, Paitsch, Goißl, Geißle, Goaßl« (alle Oberdeutsch). Für Streichhölzer finden wir noch mehr dialektale Varianz: »Striekholt, Rietsticken, Striekholtje, Sticken, Strickspohn, Fürspoon« (niederdeutsch); »Strechhälzang, Helzl, Féxhélzje, Figgsfeierhälsje, Streischel, Scheitla, Zindhoilzken« (mitteldeutsch); »Zendholz, Zindholz, Zündhölzli, Streichhelzle, Strafhoiz« (oberdeutsch).

Bei der regionalen Umsetzung der Vorlage beziehen mehrere Autoren auch bestimmte landschaftliche und landsmannschaftliche Merkmale in die mundartlichen Neufassungen mit ein und verleihen damit ihren Texten über die sprachliche Form hinaus ein gewisses Lokalkolorit. Nahe liegt dies z.B. bei *Hans Guck-in-die-Luft*, der etwa in Ostfriesland an der »Waterskant« und in Hamburg am Quai entlangspaziert, in Einbeck »koppover« in die Peine, in Südbaden, der Pfalz und in Xanten in den Rhein, in Berlin in die Havel, in Stuttgart in den Neckar, im Odenwald in die Mümling, in Saarbrücken in die Saar, in Niederbayern in die Donau, in Radolfzell in den (Boden-)See oder im ländlichen Erzgebirge in den Mühlgraben fällt. Genauso verständlich ist es, daß die Übersetzer der pfälzischen und der Wachtler Version unabhängig voneinander den Wein auf »Friedrichs Tischchen« jeweils mit einem »Bombetrebbbel aus de Palz« bzw. mit »Siedmehrer Wein« assoziieren, wenn der Schwabe seinen Suppenkaspar nach »Schbätzla« schreien läßt und der rabenschwarze Mohr in Berlin vor dem Brandenburger Tor herumspaziert. Eine besondere Note schlägt schließlich eine erzgebirgische Fassung an, die, noch zu DDR-Zeiten entstanden, sich bei der letzten Geschichte fragt, ob Robert vielleicht über den Fichtelberg bis nach Prag geflogen sei.

Künstlerische Freiheit, jedoch keineswegs unangebracht, erkennen wir etwa auch in den Formulierungen, die den Inhalt des Vorspruches erweitern. Hier bringt das Christkind den artigen Kindern neben dem schönen Bilderbuch nicht nur »Gut's genug«, sondern – in der Regel wohl von den Reimen angeregt – in Bayern auch »Zuckazöitl«, in Xanten »'nen dekke Kuuk«, in Moers »vööl Schnupperej«, in Wien »Schal und Schuh«, in Südtirol »Keks«, in Mähren »Strimp un Schuh«, im Braunauer Ländchen einen »Chrestbaam met viel Lichtlan« und im Markgräflerland »Zuckerbrötli ... und e Chinderspiel«. Die moderne Hamburger Version wartet gar mit einem Zugeständnis an den Zeitgeist auf, wenn sie die »Öllern« einen »Gameboy« schenken läßt. Ähnlich interessante Entdeckungen lassen sich in den interessantesten Übersetzungen an vielen Stellen machen.

Durchaus zu Recht lassen sich manche Übersetzer auch von den Bildern der Geschichten inspirieren, die ja mit den Versen eine künstlerische Einheit bilden. Sie entdecken für den Leser dabei nicht nur von Version zu Version die roten Socken des Suppenkaspar, die rote Schulmappe von Hans und die roten Schuhe Paulinchens, sondern auch die Kommode, auf der es das »Feuerzeug« findet, das Lorgnon von Philipps Mutter, das Kirchlein, über das Robert dahinfliegt, und viele andere interessante Details mehr.

Von der sprachlichen und dichterischen Qualität her sind – wie auch sonst bei Mundarttexten – alle Schattierungen vertreten: vom peinlichen »Reim-dich-oder-ich-fress-dich« mancher Versionen, deren Verfasser wenig oder gar keine Kenntnis von Metrik oder von Reimkunst verraten und Mundart mit Hochdeutsch mischen, bis zu ausgefeilten kleinen sprachlichen Kunstwerken, vorgelegt von sehr kompetenten Übersetzern und perfekten Sprechern ihrer Heimatmundart. Manche Versionen halten sich enger ans Original, andere entfernen sich mehr oder weniger weit davon. Besonders erfreulich sind Versionen, die bei weitgehender inhaltlicher und formaler Treue zum Originaltext eine größtmögliche Selbständigkeit in der Formulierung und im konsequentem Gebrauch der Mundart aufweisen – nicht nur in der Lautung, sondern auch im Bereich des Wortschatzes, des Satzbaus, der grammatischen Formen und der Idiomatik. In der Regel zeichnet die besten Nachdichtungen dann auch ein guter Schuß Humor und Kreativität aus.

Erfreulicherweise kann man auch feststellen, dass es vielen Autoren gelingt, die eher spröde und gestelzte Diktion Hoffmanns mit natürlichen, lebensnahen Formulierungen zu übertreffen und den mundartlichen Text über das Hoffmannsche Maß hinaus mit Witz anzureichern. Als Beispiel sei auf die zahlreichen gelungenen Versuche verwiesen, die sicher auch in der Mitte des 19. Jahrhunderts nicht gerade idiomatisch klingende Ermahnung von Zappel-Philipps Vater (»Philipp, das mißfällt mir sehr!«) originell und überzeugend umgangssprachlich im Dialekt wiederzugeben. Auch in den vielen Variationen von Kaspars Suppenverweigerung (»Ich esse meine Suppe nicht ...«) kann man Zeugnisse gekonnter mundartlicher Formulierungskunst erkennen.

Viele der in Buchform herausgegebenen Versionen sind mit Vor- oder Nachworten versehen, in denen die Verfasser ihre Übersetzungen rechtfertigen, sich zu Ihrem Verhältnis zum *Struwwelpeter* und zu ihrer Mundart äußern oder Reflexionen pädagogischer Art anstellen. So leitet z.B. eine Fassung in »mönsterlänner Platt« (eine von mehr als einem Dutzend Übertragungen in einen niederdeutschen Dialekt!) das »Wäortken vörweg« folgendermaßen ein: »Wat is't doch mansk en Malöhr mit de struwweligen Blagen! Alle Dage laupt se em in de Möte. Wasken willt se sick nich, de Haore staoht iähr struppig von'n Kopp, de Fingerniägels sind lank un swatt, de Pötkes smiärig un dat Tüüg äosig. So richtig rugge Töttkes sind se. So was't fröher, so is't vadage, un so sall't auk wull blieben.« Und am Ende findet sich die Hoffnung: »... ick hüopp, dat viel Lü un viel Kinner iähr Plaseer dran häbben söllt.« (Schepper 1995).

Insgesamt lassen sich die mundartlichen Verkleidungen des Struwwelpeterbuches als sprachspielerischer Spaß verstehen, der für die Übersetzer jeweils eine Herausforderung zwischen der gebotenen Treue zum Original und dem Wunsch nach eigener Originalität darstellt. Dabei kommt man nicht umhin festzustellen, daß sich der kleine, langmähnige »Schlingel« mit den ungeschnittenen Fingernägeln offenbar in jeder deutschsprachigen Region ausgesprochen zuhause fühlt.

Erwähnte Literatur

Böhme, Hasso (Hrsg.): *150 Jahre Struwwelpeter. Das ewig junge Kinderbuch.* Stäfa: Rothenhäusler 1995

F[ormaigeat], E[mil]: *De Strubelpeter, oder luschtigi Bildli mit glungne Gschichte derzue, vom Heinrich Hoffmann, für Schwizerchind vo 3-6 Jahre in iri Mueterspach übersetzt vom Dr. E. F.* Winterthur: Vogel, o.J. [1926]

Görlach, Manfred (Hrsg.): *Max und Moritz in deutschen Dialekten, Mittelhochdeutsch und Jiddisch.* Hamburg: Buske 1982

Görlach, Manfred (Hrsg.): *Max und Moritz. Die sieben Lausbubenstreiche in 21 deutschen Mundarten.* Krefeld: van Acken 1990

Görlach, Manfred (Hrsg.): *Max und Moritz von A bis Z in deutschen Mundarten von Aachen bis zur Zips.* Heidelberg: Winter 1995

Lienhard, Fredy: *De Strubelpeter. Schwizerdütsch vom F. L.* Zürich: Ex Libris, o.J. [1969]

M., L.: *Dr Schtrubelpeter oder luschtigi Gschichte und fröhlechi Bilder für Chinder vo 3-6 Jahr vom Dr. Heinrich Hoffmann i ds bärndütsche übersetzt vom L. M.* Biel und Bern: Kuhn 1926

Sauer, Walter: *De Pälzer Schdruwwelpeder.* Neustadt an der Weinstraße: Meininger 1984a

Sauer, Walter (Hrsg.): *Heinrich Hoffmann. Der Struwwelpeter polyglott.* München: dtv 1984b

Sauer, Walter: »*Der Struwwelpeter und Stepka Rastrepka«. Zur Ikonographie der 2. Struwwelpeterfassung. Schiefertafel* 8, 1985, S. 20-34

Sauer, Walter: »*Der Struwwelpeter als Weltbürger. (Struwwelpeter-Übersetzungen).*« In: Böhme 1995, S. 67-68

Sauer, Walter: »*Petrulus Helveticus (Der Struwwelpeter in der Schweiz.)*« In: Böhme 1995, S. 71-74

Sauer, Walter: *Der Mundart-Struwwelpeter ... in 25 deutschen Mundarten.* Heidelberg: Winter 1996

Sauer, Walter: *Der Mundart-Struwwelpeter ... in 27 deutschen Mundarten.* Heidelberg: Winter 2001

Sauer, Walter: »*A Classic is Born: The Childhood of Struwwelpeter.« The Papers of the Bibliographic Society of America,* Vol. 97, 2003, S. 215-263

Schepper, Rainer: *De Struwwelpeter. In mönsterlänner Platt sett't.* Frankfurt: Sinemis 1995

Wolf, Jott: *Der revierdeutsche Strubbelpedder.* Essen: Henselowsky Boschmann 1995

»Struwwelpeter« im Detail

Stefan Brinkmann

»Denn der Schneider mit der Scher' / Kommt sonst ganz geschwind daher«
Zum Bild des Schneiders in der Literatur und Gesellschaft in der Mitte des 19. Jahrhunderts

»Bauz! Da geht die Türe auf«. Der Schneider springt in den Raum hinein und trennt dem Daumenlutscher Konrad seine »Tatwerkzeuge« ab. Die dafür verwendete Schere ist fast so groß wie das Opfer. Dieses eindruckvolle Bild bleibt selbst Erwachsenen, noch viele Jahre nach der Lektüre des *Struwwelpeter*, in Erinnerung, die doch die brutale Bestrafung des Kindes und die Bedrohung durch den Schneider längst als irreal entlarvt zu haben glauben.

Aber ist der Schneider in der *Geschichte vom Daumenlutscher* im *Struwwelpeter* wirklich nur ein irrationaler Kinderschreck? Betrachtet man die Geschichte geschlossen, ließe sie sich auf eine einfache Formel reduzieren: Eine Mutter ermahnt ihr Kind, das Kind gehorcht nicht und wird bestraft. Die Bestrafung erfolgt auf den ersten Blick, wie schon bei den *Schwarzen Buben* durch einen deus ex machina, eine abstrakte Figur, die plötzlich erscheint, im Gewaltakt ihre einzige Funktion erfüllt und wieder verschwindet. Bei näherer Betrachtung ist der Schneider aber mitnichten abstrakt. Er wird explizit als solcher benannt und weist die Schere als Zeichen seines Berufes auf. Zudem lässt er sich durch den für einen Schneider charakteristisch schmalen Körperbau erkennen, der, wie ich später zeigen werde, sprichwörtlich für den Charakter geworden ist. Was aber bringt ihn dazu, in ein Haus hinein zu stürmen und einem Kind für das vergleichsweise geringfügig erscheinende Vergehen des Daumenlutschens die Daumen abzutrennen, so wie es Konrads Mutter dem Jungen eingangs androhte? Ein Blick auf die Figur des Schneiders, ihre Bearbeitung in bekannter Literatur der Mitte des 19. Jahrhunderts, sowie ihr Bild in der Gesellschaft zu dieser Zeit soll helfen, die Frage nach dieser Bedrohung zu beantworten. Warum geht Gewalt vom Schneider aus, worin begründet sich diese Gewalt, gegen wen ist sie gerichtet und was erreicht der Schneider durch ihre Anwendung? Aus diesem gesellschaftlich-literarischen Kontext wird versucht, den auf den ersten Blick übertrieben harten und unmotiviert erscheinenden Akt zu deuten und eine Alternative zu Kastrationsinterpretationen aus der Psychoanalyse[1] zu bieten.

---

1 Vgl. Anita Eckstaedt: »*Der Struwwelpeter*«. *Dichtung und Deutung*. Frankfurt/M.: Insel, 1998, S. 97-106.

Die Figur des Schneiders in Sprichworten und Redewendungen[2]

Die Redewendung »Herein, wenn's kein Schneider ist« dürfte vielen bei der Betrachtung des Bildes in der Daumenlutschergeschichte in den Sinn kommen. Auch hier klingt die Bedrohung mit. Wenn vom Schneider keine Gefahr ausgehen würde, gäbe es keinen Grund, ausgerechnet ihm den Einlass zu verweigern. Diese Redensart ist offenbar eine Umkehrung der aus der Schneiderzunft stammenden Wendung »Herein, wenn's ein Schneider ist«, die Angehörigen des Berufstandes den Eintritt in ihre Zunft gestattete. Allerdings geht diese Umkehrung hier wohl nicht auf eine körperliche Bedrohung, wie im Falle Konrads, zurück, sondern auf die für die Schneider notwendige und dadurch charakteristisch gewordene Angewohnheit, die fällige Bezahlung bei ihrer Kundschaft einzufordern. Sie geht demnach nicht auf ein Fehlverhalten des Schneiders zurück, sondern auf eine mangelhafte Zahlungsbereitschaft seiner Auftraggeber. Diese erklärt ein weiteres markantes Kennzeichen des Schneiders, seinen schmalen Körperbau, welcher noch im Sprichwort »Essen wie ein Schneider«, also wenig essen, zu entdecken ist. Hieraus leitet sich womöglich auch die Verwendung der Bezeichnung »Schneider« für »Schwächling« her, welche zudem dadurch gestützt wird, dass die Schneiderei für ein Handwerk nur verhältnismäßig wenig Kraft erfordert und, von Stichverletzungen abgesehen, als eher ungefährlich gilt. Auch Unehrlichkeit (»Dem Schneider ist viel unter den Tisch gefallen«) und Nachlässigkeit (»mit der heißen Nadel genäht«) sind Attribute, die dem Schneider sprichwörtlich zugeschrieben werden. Zuletzt wurde der »Schneider« auch synonym für den »Teufel« verwendet, dessen Name im 19. Jahrhundert noch ungern ausgesprochen wurde. Eine Verbindung zwischen beiden Figuren bildet der Bock, der als Spottbegriff für den Schneider bereits im 14. Jahrhundert beurkundet ist.

Für die Interpretation der Daumenlutschergeschichte scheint vor allem diese letzte Möglichkeit interessant. In diesem Fall wäre der Schneider nicht als reale Figur zu deuten, sondern als nicht beim Namen genannte Teufelsverkörperung. Der Gewaltakt ist jedoch kein jenseitiger, sondern findet irdisch in der körperlichen Versehrung Konrads statt. Die diesseitige Betrachtung liefert jedoch keine Anzeichen für eine Rolle des Schneiders als Gewalttäter. Der Schwerpunkt liegt hier in der Betrachtung seiner gesellschaftlichen Außenseiterrolle, die sich im finanziellen Status (Armut und Hunger) und der Absprechung positiver gesellschaftlicher Normen (Fleiß und Ehrlichkeit) zeigt.

---

2 Vgl. Lutz Röhrich: *Lexikon der sprichwörtlichen Redensarten*. Bd. 2. Freiburg. Basel. Wien. 2004.

Der Schneider in den »Kinder- und Hausmärchen« der Brüder Grimm

In den *Kinder- und Hausmärchen* der Brüder Grimm steht der Schneider gleich zwei Mal im Mittelpunkt der Erzählung. Die Ausgänge der beiden Märchen *Das tapfere Schneiderlein* und *Der Schneider im Himmel* erscheinen dabei jedoch nicht stringent, was auf eine unterschiedliche Herkunft der Geschichten zurückzuführen sein mag. *Das tapfere Schneiderlein* präsentiert sich als sozialer Aufsteiger. Während der Protagonist zu Beginn der Geschichte noch in relativer Armut lebt und sich nur so viel Mus leisten kann, dass selbst die wahrscheinlich ebenfalls nicht gut gestellte Bauersfrau, bei der er es erwirbt, unzufrieden mit dem Geschäft ist, bewirkt die erfolgreiche Verteidigung der Mahlzeit gegen sieben Fliegen eine gesellschaftliche Entwicklung, die erst auf dem Königsthron ihr Ende findet. Der Schneider erreicht die Spitze der Gesellschaft. Die Androhung der Gewalt durch den Schneider schwebt dabei permanent über seiner Mitwelt, kommt aber, mit Ausnahme der Fliegentötung, nicht mehr zur Anwendung. Eine Ausführung von Gewalt hätte ihm auch nicht auf seinem Werdegang weitergeholfen. Der Stolz, den die doch sehr geringe Kraftleistung beim Erschlagen der Fliegen weckt, zeigt, dass dieser Schneider niemals in der Lage gewesen wäre, seinen Mitmenschen oder gar den Riesen, mit denen er ebenfalls konfrontiert wird, körperlichen Schaden zuzufügen. Nur ein Missverständnis erweckt den Eindruck seiner Stärke. Dennoch gelingt es dem Schneider, dieses Bild von ihm nicht nur aufrecht zu erhalten, sondern sogar noch zu verstärken. Dabei bedient er sich jedoch nicht seiner körperlichen Kraft, sondern einer anderen Eigenschaft, die in sonstigen Überlieferungen nicht als typisches Merkmal dieses Berufsstandes erwähnt wird: seiner Schlauheit. Stets gelingt es dem »tapferen Schneiderlein«, seine Gegenspieler von seiner Stärke und seiner Überlegenheit zu überzeugen. Selbst als am Ende des Märchens seine wahre Herkunft aufdeckt wird, kann er klug die Situation retten und somit die Geschichte erfolgreich, als König, abschließen.

Auch der *Schneider im Himmel* strebt über seinen gesellschaftlich niedrigen Status hinaus. Dieses Streben offenbart sich jedoch erst nach seinem Ableben. Ihn führt der Weg nicht auf den Königsthron, sondern direkt auf den Platz Gottes, wenn auch nur für einen kurzen Moment. Von hier aus richtet er seinen Zorn gegen eine alte Wäscherin, wie er selbst ein Mitglied der unteren Gesellschaftsschicht, die zwei Schleier stiehlt. Er schleudert ihr im Zorn Gottes einen Schemel entgegen, der dabei verloren geht. Seine Tat lässt sich nun nicht mehr verbergen. Gott verweist den Schneider für seine Anmaßung des Himmels. Weder der Zornesausbruch noch das Urteil stand ihm, der zu Lebzeiten auch Stoff unterschlagen hatte, zu. In dieser Geschichte gelingt dem Schneider die Täuschung nicht. Er kann seinen erworbenen Platz nicht halten.

Der Erfolg dieser beiden Schneiderfiguren unterscheidet sich. Gleiches gilt allerdings auch für die Form ihrer Gewaltausübung. Beim *Tapferen Schneiderlein* resultiert sie aus einem Akt der Selbstverteidigung, im dem das knappe Essen gesichert wird. Der Aufstieg geschieht hier nicht aus einem Gefühl der Unzufriedenheit, sondern aus den Möglichkeiten, die sich dem Schneider aus dem vorhandenen Potential ergeben. Er ist kein Revolutionär, sondern arbeitet sich im bestehenden System an die Spitze. Der Schneider im Himmel steht durch seinen Tod außerhalb der Gesellschaft. Er betrachtet die Welt von außen aus der Perspektive Gottes. Seine Gewalt richtet sich gegen die eigene Gesellschaftsschicht und wird von Gott mit dem Ausschluss aus der Himmelsgemeinschaft hart bestraft.

Die Selbstvernichtung des armen Schneiders

Der Berufsgenosse aus Georg Weerths fünfstrophigem Gedicht *Es war ein armer Schneider* aus dem Jahre 1845 unternimmt keinen Versuch, einen sozialen Aufstieg vorzunehmen. Die Vorzüge des *Tapferen Schneiderleins* fehlen ihm. In den 30 Jahren seiner Berufstätigkeit nähte er sich stattdessen »krumm und dumm«[3], zeigt sich also nicht nur »arm«, sondern zudem noch körperlich und geistig degeneriert. Sein Alltag verläuft nach immer gleichen Mustern. Er wird krümmer und dümmer werden, der Armut und dem Degenerationsprozess kann er nicht entkommen. Die einzige Fluchtmöglichkeit bietet ihm die Zerstörung seines Arbeitswerkzeugs, Nadel und Schere, und letztendlich die Selbstvernichtung. Er hängt sich mit starkem Faden an einem Balken auf. Hinter allen Taten steht der Zusatz »und wusste nicht warum«[4]. Seine Gewalt richtet sich ausschließlich gegen sich selbst und das seine Existenz symbolisierende Werkzeug. Die Umwelt bleibt außen vor. Seine Mitmenschen erfahren zwar vom Schicksal des Schneiders, verstehen es aber nicht zu deuten: »Der Schneider starb um halber acht / Und Niemand weiß warum.«[5] Die Erlösung des Schneiders aus seiner Lage bleibt unbefriedigend. Gefahr geht von ihm nicht aus. Diese Figur ist nicht in der Lage, gesellschaftliche Umstürze herbeizuführen.

---

3   Georg Weerth: *Es war ein armer Schneider.* In: *Gedichte und Interpretationen.* Bd. 4. Stuttgart: Reclam, 1983, S. 263.
4   Ebd.
5   Ebd.

Der gebügelte Meister Böck in Wilhelm Buschs »Max und Moritz«

Meister Böck im dritten Streich von Wilhelm Buschs *Max und Moritz* scheint auf den ersten Blick ein angesehener Mann im Dorf zu sein. »Jedermann« hat »ihn gern zum Freunde«[6], in der Schneiderei ist er über die Maßen bewandert. Bei näherer Betrachtung werden jedoch schon in der Charakterisierung des Schneiders Parallelen zum Kollegen aus Georg Weerths Gedicht deutlich. Auch Meister Böck definiert sich nur über seinen Beruf. »Alles macht der Meister Böck, / Denn das ist sein Lebenszweck.«[7] Und auch nur seine beruflichen Qualitäten sind der Grund, warum ihn jeder zum Freund möchte. Darüber hinaus ist Busch nur eine Eigenschaft der Erwähnung wert: Die Leidensfähigkeit des Meisters. »Alles konnte Böck ertragen, / Ohne nur ein Wort zu sagen;«[8] und offenbar musste er vieles über sich ergehen lassen. Die Provokation der beiden Jungen schließlich lässt ihn aus dem Haus stürmen, um diese zur Rechenschaft zu ziehen, eine Parallele zum Schneider im *Struwwelpeter*.

Anders als beim hereinstürmenden Schneider in der *Geschichte vom Daumenlutscher* folgt an dieser Stelle jedoch nicht die Bestrafung der Kinder. Meister Böck bleibt selbst diesen unterlegen und muss so auch den Spott ertragen. Er stürzt von der angesägten Brücke ins Wasser und ist nicht einmal in der Lage, sich ohne Hilfe zu befreien. Zwei Gänse retten ihn letztendlich. Das Bild der beiden Vögel, die den erwachsenen Mann aus dem Wasser ziehen, verdeutlicht, dass auch Meister Böck trotz seines handwerklichen Geschicks in großer Armut leben muss. Auch hier zeigt sich der Schneider abgemagert.

---

6   Wilhelm Busch: *Max und Moritz*. Stuttgart, o.V., 2002. S. 20.
7   Ebd.
8   Ebd., S. 22.

Nachdem Böck wieder an Land ist, ist die Demütigung noch nicht beendet. Der Streich kostet ihn zwar nicht das Leben, hinterlässt dem Schneider allerdings ein Magendrücken, dessen er sich wiederum nicht allein entledigen kann. Indem seine Frau ihn mit dem Bügeleisen kuriert, wird er endgültig der Lächerlichkeit preisgegeben. Auch Meister Böck wird als gänzlich harmloses Exemplar der Gattung »Schneider« enttarnt.

Fazit

Mit Hilfe dieser Parallelen ist es möglich, im strafenden Schneider der *Geschichte vom Daumenlutscher* mehr zu sehen als einen Dämon, der aus dem Nichts erscheint und sich unverhältnismäßig brutal an Kindern vergeht. Analog zum Volksmund bietet sich die Möglichkeit, den Schneider als Allegorie des Teufels zu betrachten. Dies würde sowohl sein schnelles Auftreten und Verschwinden, als auch das Phänomen erklären, dass er wusste, dass Konrad am Daumen gelutscht hat, obwohl er selbst zur »Tatzeit« nicht zugegen war. Die Körperlichkeit der Bestrafung steht diesem entgegen. Der Schneider gefährdet nicht Konrads Seelenheil, sondern trennt dessen Daumen ab. Dies spricht für eine Betrachtung der Figur als realen Schneider, die am unteren Ende der Gesellschaft angesiedelt ist und sich immer wieder neue Provokationen durch die Oberen gefallen lassen muss, wie auch der »arme Schneider« Georg Weerths oder Wilhelm Buschs Meister Böck. Dies erregt Aggressionen in ihm, deren Umsetzung jedoch in der Regel scheitert. Nicht so im Falle Konrads. Sein phantomhaftes Erscheinen und Verschwinden machen den Schneider nicht greifbar, seine Tat wird ungesühnt bleiben. Dass auch Konrad und seine Mutter der Oberschicht angehören, zeigt sich in den Bildern. Sie leben in einem Haus mit großen Räumen, deren Architektur nicht ausschließlich der Zweckmäßigkeit dient. Die Wohnung weist Torbögen und Verzierungen auf. Auch die Kleidung spricht für ein zumindest gesichertes Auskommen.

Aber warum hat Konrad den Schneider durch das Daumenlutschen provoziert? Der Schneider zeigt sich in allen bisher zitierten Fallbeispielen als ökonomisch verarmtes Gesellschaftsmitglied, welches nur dürftig ernährt ist. Im *Tapferen Schneiderlein* deutet die geringe Menge Mus, welche sich der Protagonist zum Festmahl stilisiert, darauf hin. Die Schneiderfiguren im *Struwwelpeter* und *Max und Moritz* sind sehr dünn gezeichnet. Bei Georg Weerth ist die Unterernährung nicht explizit erwähnt, die Armut offenbart sich aber dennoch, nicht zuletzt durch den Titel des Gedichtes. Konrad und seine Mutter erscheinen normal genährt. Dennoch steckt der Junge den Daumen in den Mund. Dieser Akt der oralen Ersatzbefriedigung als Folgeerscheinung des Stillens wird dem hungernden Schneider vor Augen gehalten. Das »Stillen« dient jedoch nicht mehr der Befriedigung des Hungergefühls, was zumindest der Schneider permanent hat, sondern kann als Maßlosigkeit des Jungen interpretiert werden. Hiermit wäre eine Möglichkeit der Provokation gegeben. Die Gewalt des Schneiders entstünde als Akt der Auflehnung. Es besteht die Möglichkeit, dass die *Geschichte vom Daumenlutscher* die Bedrohung der städtischen bürgerlichen Oberschicht durch eine mögliche Armutsrevolution verdeutlichen soll. Der Entstehungszeitraum des *Struwwelpeter* würde dieser These entgegenkommen. Dagegen würde die lächerliche Darstellung Meister Böcks in *Max und Moritz* veranschaulichen, was 1865 von dieser Gefahr verbleiben ist.

Die Geschichten zusammen zeigen zudem, dass der Erfolg des Schneiders unmittelbar mit dem Ziel seiner Aggressionen zusammenhängt. Die Gewalt gegen schwache Mitglieder der Gesellschaft, wie der Wäscherin, den Dorfkindern Max und Moritz sowie den Schneider selbst führt zum Scheitern. Ein Aufbegehren gegen Riesen und Könige wie im *Tapferen Schneiderlein* wird hingegen belohnt. In der *Geschichte vom Daumenlutscher* wird für den Schneider keine Perspektive aufgezeigt. Dagegen zeigt sich im Abschluss dessen Gegenspieler Konrad. Dieser streckt die Arme mit nach vorn gewandten Handflächen von sich, eine Geste, die die Waffenlosigkeit veranschaulicht. Konrad hat keine Waffe und selbst wenn er sie hätte, könnte er sie nicht benutzen. Die beschädigte Hand macht ihn handlungsunfähig. Er ist ein besiegter Gegner. Legt man die Geschichte als Klassenkonflikt aus, war die Auflehnung erfolgreich. Nicht gegen Konrad als Kind, sondern als Angehörigem der Oberschicht.

Anke Schayen

»Struwwelliesen« und Co ab 1850: Variationen der Mädchenbildung

Warum gibt es neben den Parodien, Um- und Neuschreibungen des *Struwwelpeters* auch die weibliche Variation? Was wird bei den *Struwwelliesen*, *Kleckerkäthchen*, bei der braven *Lina* und bösen *Bertha* bemängelt und wann tauchen die ersten weiblichen Pendants auf und worauf soll hinerzogen werden? Diese Fragen sollen im Folgenden geklärt und erläutert werden, obwohl viele Variationen wahrscheinlich noch auf Dachböden und in Kellern lagern und erst entdeckt werden müssen.

Historischer Überblick über die weiblichen Gegenstücke zum »Struwwelpeter«

Im Jahre 1845 kommt die erste Auflage vom *Struwwelpeter* heraus, wenige Jahre später setzt auch die Entstehung der weiblichen Variationen ein.

Im Jahre 1850 erscheint bereits das vom Berliner Journalisten Adolf Glasbrenner verfasste und von Theodor Hosemann illustrierte Werk *Lachende Kinder*. In diesem Werk findet sich die Episode *Vom Kleckerkäthchen*, die enge Verbindungen zum *Zappel-Philipp* aufweist. Dabei handelt es sich um ein Mädchen, das mit zwei Ferkeln speist. Der Buchaufbau orientiert sich am *Struwwelpeter*, da es sich auch um einzeln illustrierte und einprägsame Geschichten handelt.[1]

Im Jahre 1864 folgt *Die Schreiliesel, eine lustige und lehrreiche Geschichte für Kinder bis 8 Jahren von Dr. Ernst*. Der Autor besteht auf einen Doktortitel, um sich dem Autoren des *Struwwelpeter* Dr. Heinrich Hoffmann anzupassen. Die Zeichnungen stammen von Fritz Steub. Es handelt sich hier um einen Bericht über die Unarten kleiner Mädchen. Dieses Werk ist im Aufbau an den *Struwwelpeter* angelehnt, denn auch hier handelt es sich um belehrende Einzelgeschichten, die durch das Reimschema und die zugehörigen Illustrationen unterstützt werden.[2]

---

1 Klaus Doderer und Helmut Müller: *Das Bilderbuch*. Weinheim: Beltz, 1973, S. 170ff.
2 Ebd, S. 175f. u. S. 179 und ders.: *Lexikon der Kinder- und Jugendliteratur*, Bd. 3 P-Z. Weinheim: Beltz, 1984, S. 487.

Die Struwwelliese von Dr. Lütje und Franz Maddalena erscheint um 1870. Sie wird als konkretes weibliches Gegenstück zum Struwwelpeter angelegt. Der Wiedererkennungseffekt und auch der Erfolg sind groß. Bereits im Jahr 1896 wird die 40. Auflage herausgegeben und das Buch wird sogar im Kriegsjahr 1940 nachgedruckt. Dargestellt wird eine »penetrante Prügelpädagogik«.[3]

Die brave Bertha und die böse Lina wird im Jahr 1886 zum 5. mal aufgelegt. Die Daten der vorherigen Auflagen sind nicht bekannt. Illustriert wurde dieses Werk von Lothar Meggendorfer. Parallel zum *Struwwelpeter* sind in diesem Fall Aufbau und Reimschema gestaltet, die Zeichnungen hingegen weisen keine Ähnlichkeiten auf.[4] Auch im 20. Jahrhundert bleibt das Thema aktuell und so erscheint 1950 eine weitere *Struwwelliese* von Cilly Schmitt-Teichmann. Diese Ausgabe ist hauptsächlich durch den Titel noch als Struwwelpetriade erkennbar, denn es handelt sich zwar nach wie vor um einen gereimten Text, doch die Gliederung in Einzelgeschichten entfällt. Dieses Bilderbuch greift die Momente technischen Fortschritts auf, denn das Mädchen verletzt sich an technischen Geräten und im Straßenverkehr.

Im Jahre 1970 erscheint dann vorübergehend die letzte Version einer Struwwelpetriade. Es handelt sich um *So ein Struwwelpeter. Lustige Geschichten und drollige Bilder von 3-6 Jahren*. In diesem Werk findet sich das dicke, faule und gefräßige Mädchen Angela und ihre Freundin Sibylle, die Daumenlutscherin ist. Allerdings werden Sibylles Daumen nicht abgeschnitten, sondern laufen ihr davon, da sie die Situation an Sibylles Händen nicht mehr ertragen können.[5]

Um die Parallelgestaltung der Figurenbildung und die Differenz in den Erziehungsvorstellungen zu zeigen, wird die *Struwwelpeter*figur und die weibliche Variante von Dr. Lütje verglichen, die am stärksten rezipiert worden ist.

»Struwwelpeter« und »Struwwelliese«

Der *Struwwelpeter* in seinen späteren Fassungen hat ein markantes Titelbild, das uns den Helden direkt vor Augen führt. Der Aufbau dieser Zeichnung ist weitgehend bekannt. Der Junge mit den zerzausten langen Haaren und Fingernägeln wird uns,

---

3   Doderer, *Bilderbuch*, S. 169f.
4   *Lexikon der Kinder- und Jugendliteratur*, S. 487.
5   Ebd.

auf einem Sockel stehend, präsentiert. Die Ausgabe von Dr. Lütje zeigt ein ähnlich aufgebautes Titelbild. Auch *Struwwelliese* hat zerzaustes Haar, das ihr vom Kopf absteht. Ihre Fingernägel sind zwar nicht zu sehen, doch sie streckt ebenso wie *Struwwelpeter* die Arme seitlich vom Körper weg. In der rechten Hand hält sie eine ungepflegte, beschädigte Puppe, der Kopf der Puppe hängt nach unten. *Struwwellieses* Kleidung ist bereits auf dem Titelbild fleckig und zerrissen. Während sich *Struwwelpeter* noch gepflegt präsentiert, wird bei dem weiblichen Pendant gezeigt, dass sie keinen Wert auf saubere, ordentliche Kleidung legt. Die Bluse hat ein Loch. Auch das blaue Kleidchen ist fleckig und zeigt einen großen Riss. Die Strümpfe sind heruntergerutscht und die Riemchenschuhe, die *Struwwelliese* darüber trägt, sind offen und kaputt. Ihr kleines Gesicht ist noch recht sauber, dafür sind aber die Handflächen, die sie uns entgegenhält, fast schwarz vor Schmutz. Hinter dem Mädchen tobt ein kleiner grauer Hund auf dem Podest, welcher das Kind ängstlich von unten herauf anschaut. Er scheint also schon zu ahnen, dass *Struwwelliese* nicht sehr tierlieb veranlagt ist. Das Podest besteht aus einem rosafarbenen Sockel mit brauner Platte, auf der das Mädchen steht. Auf dem Sockel ist mittig eine Schrifttafel angebracht, rechts und links davon Bildtafeln. Die gezeigten Gegenstände sind Bürsten und Seifenstücke. Die Schrifttafel stellt uns *Struwwelliese* vor. Die Einführung lässt keine Fragen über die vom Autor gezeigte Wertung vom Auftreten des Mädchens offen, denn sie wird zweimal mit dem Begriff »Pfui!« versehen, es wird von der »miesen, garstigen Struwwelliese« gesprochen. Sie ist also lediglich abschreckendes Beispiel und nicht Vorbild, was das Titelbild eindeutig ausdrückt.

Die *Struwwelliese* aus dem Jahr 1870 ist dem *Struwwelpeter* vom Aufbau her sehr ähnlich. Das Gesamtwerk, das 18 Seiten umfasst, ist in fünf deutlich voneinander abgetrennte Geschichten eingeteilt. Es handelt sich um ein enges Zusammenspiel von Wort und Bild. Die Sprache ist gereimt. Bild und Text beziehen sich aufeinander. Es handelt sich um eine Mischung aus Bilder- und Lesebuch. Die Geschichten kann man nur durch Anschauen der Illustrationen erkennen und verstehen, der Text unterstreicht das Dargestellte noch weiter. Pro Seite finden sich jeweils ein bis drei Bilder mit dazugehörigen Textpassagen. Die Geschichten nehmen i.d.R. somit mehrere Seiten ein. Die angesprochenen Themen sind recht breit gefächert. Es handelt sich um das morgendliche Aufstehen, die mutwillige Zerstörung von Spielzeug, Naschen, Beten und Lügen. Man könnte also sagen, dass die Hauptaspekte der christlichen Erziehung eines Mädchens im späten 19. Jahrhundert angesprochen werden. Auffällig ist, dass hier keine Besserung des Mädchen dargestellt wird, sondern lediglich die mögliche Folge des Vergehens.

Interpretation der einzelnen Geschichten

Die schlafmützige Liese
Diese Geschichte beschäftigt sich mit dem Thema des morgendlichen Aufstehens. Liese wird als ein faules Mädchen dargestellt, das eigentlich nicht bereit ist, am Morgen sein Bettchen zu verlassen. Die Mutter versucht das Kind zu wecken. Als Vorbild dient Lieses Schwester Jette, die schon wach ist und mit an ihrem Bett steht. Jette entspricht somit dem Bild des gut erzogenen Kindes. Liese lässt sich jedoch nicht wecken und daraufhin kommen andere Instanzen ins Spiel. Eine personifizierte Sonne, welche dem Kind »Nasenstüber« gibt, und der Wind, der versucht das Kind wach zu pusten. Als auch dies nicht hilft, ruft die Sonne die Feuerwehr, die das Mädchen mit der Feuerwehrspritze durch das offene Fenster komplett nass spritzt. Nun kann Liese wirklich nicht mehr weiter schlafen und muss ihr Bettchen verlassen. Nass triefend steht sie davor und wird von Sonne und Wind ausgelacht. Die Geschichte endet mit der offen bleibenden Frage nach einer Besserung: »Ist sie später noch einmal faul im Bett geblieben?«[6]

Wie bereits erwähnt, ist der Text gereimt und wird durch Zeichnungen unterstützt. Besonders einprägsam ist das letzte Bild, das uns die nasse Liese zeigt. Das Mädchen trieft am ganzen Körper, das Wasser läuft auf den Fußboden und Liese schaut traurig ins Nichts. Die Schultern hängen herab, die Arme sind hilflos vom Körper gestreckt. Sie wird zu allem Übel auch noch von den hereinschauenden Figuren des Windes und der Sonne verlacht.

Im Grunde genommen endet diese Erzählung, im Gegensatz zu den Geschichten aus dem *Struwwelpeter*, noch recht harmlos. Liese befindet sich nicht in körperlicher Gefahr. Sie hat keine Wunden oder Schmerzen. Dennoch ist das Ende für sie unangenehm. Lütje zeigt hier also eine Möglichkeit, eine Geschichte als Erziehungsanleitung zu verwenden ohne dem lesenden Kind Angst zu machen.

6   Dr. J. Lütje und Franz Maddalena: *Die Struwwelliese*. O.O., o.V. [1870].

Die mutwillige Liese
In dieser Geschichte erhält Liese eine Puppe als Geschenk. Sie freut sich zunächst und spielt damit, doch schon nach zwei Tagen verliert sie das Interesse an der Puppe. Am vierten Tag beginnt Liese sie kaputt zu machen. Der Hund will sie daran hindern, doch Liese ist dies egal. Als das Tier jedoch keine Ruhe gibt, wirft sie ihm das Püppchen an den Kopf. Auch hier folgt auf direktem Wege eine Bestrafung für Liese, denn der Hund wehrt sich und beißt sie in die Hand. Das Ende bleibt nicht offen, stattdessen wird gesagt: »Das tat so weh, da schrie sie sehr, nun quält sie nie eine Puppe mehr!«[7] Der körperliche Schmerz und das fließende Blut haben das Mädchen somit belehrt.

Auch hier gibt es eine Personifikation eines Gegenstandes. Die Puppe wird vermenschlicht. Es heißt: »Zerrissen sind längst schon Schuhe und Hut, aus dem linken Bein da sickert das Blut.«[8] Die dazugehörige Zeichnung hebt jedoch diesen Ausdruck wieder auf, denn gezeigt wird nicht etwa eine blutende Puppe, sondern ein offenes Puppenbein, aus welchem das Füllmaterial herausquillt.

Liese wird in dieser Geschichte härter bestraft. Sie vergeht sich nämlich nicht nur an der Puppe, sondern wirft auch nach dem Hund und fügt diesem damit Schmerzen zu. Dass sich ein Hund wehrt, der »angegriffen« wird, ist durchaus realistisch, um den angemessenen Umgang mit Gegenständen und Lebewesen zu schulen, die ein Kind schätzen sollte.

Hier ist die Parallele zum *Struwwelpeter* sehr deutlich zu erkennen. Auch der *böse Friederich* ärgert einen Hund und wird von diesem gebissen.

Die naschhafte Liese
In dieser Geschichte ist es auffällig, dass Liese direkt am Anfang als »gutes Kind« betitelt wird. Sie wird nicht direkt verurteilt, es wird ihr lediglich eine schlechte Eigenschaft zugeschrieben, nämlich ihr starkes Verlangen nach Süßigkeiten. So nascht sie in dieser Geschichte von einem noch warmen, frischen Kuchen und wird mit Bauchschmerzen und zweiwöchiger Bettlägerigkeit bestraft. Zu allem Überfluss wird sie auch noch, als es ihr wieder besser geht, von der Mutter mit der Rute geschlagen.

7   Ebd.
8   Ebd.

Anders als in den meisten Zeichnungen des *Struwwelpeters* wird die Figur der Mutter hier deutlich im Profil gezeigt. Es handelt sich hier also um jemanden, der im Leben des Kindes eine tragende Rolle spielt.

Lütje scheint das Ungehorsam der Naschhaftigkeit als besonders stark anzusehen, denn hier gibt er sich nicht mit der natürlichen Strafe, den Bauchschmerzen zufrieden, sondern führt noch eine weitere Bestrafung, durch die Mutter ein. Man kann daraus schließen, dass um 1870 Selbstbeherrschung eines der wichtigsten Themen in der Kindererziehung ist. Doch trotz der harten Bestrafung und der Tränen, die Liese im letzten Bild nur so aus den Augen fließen, handelt es sich auch hier eher um eine Form des Respekteinflößens, als um eine angstauslösende Geschichte.

Im *Struwwelpeter* finden wir genau das Gegenteil. Der Suppenkaspar will seine Suppe nicht essen und muss sterben. Hier wird deutlich warum sich eine eigene Version für Mädchen aufdrängt. Während die Zurückhaltung beim Essen die Mädchen prägen soll, müssen die Jungen anständig zulangen um groß und stark zu werden. Das Erziehungsziel geht hier also in zwei unterschiedliche Richtungen, die auch mit dem bürgerlichen Rollenmodell zusammenhängen. Während der Mann körperlich stark arbeiten muss, soll die Frau als schöne, tugendsame Ikone zurückhaltend und angemessen reagieren und nicht maßlos naschen und völlen.

Von der Liese, die nicht beten wollte
Diese Geschichte ist wohl die unrealistischste von allen. Liese will nicht beten und so besuchen sie in der Nacht nicht nur Engel, sondern auch Kobolde, die sie ärgern und so vom Schlafen abhalten. Zu allem Überfluss erscheint auch noch Knecht Ruprecht an ihrem Bett und ermahnt sie zum Beten. Er bestraft das Mädchen jedoch nicht, da er der Meinung ist, dass der Überfall der Kobolde Strafe genug sei. Liese lernt sofort aus ihren Fehlern und beginnt zu beten.

Auch diese Geschichte fällt wohl auch in den harmloseren Bereich, da dem Mädchen kein körperlicher Schaden zugefügt wird. Sie ist jedoch verängstigt und diese Angst vor den Kobolden scheint wohl massiv genug, um einem kleinen Mädchen beizubringen, dass das Beten vor dem Einschlafen wichtig ist. Hier bedient sich Lütje also der Psyche der Mädchen, um ihnen beizubringen, dass sie die christliche Erziehung ernst nehmen müssen. Es handelt sich also um das alte Bild des Himmels als das absolut Gute, das immer einen Gegenspieler besitzt. In diesem Fall ist es jedoch nicht der schreckliche Teufel, sondern es sind die durchaus unangenehmen Kobolde, die hier Erziehungsarbeit leisten.

Hier greifen sowohl Hoffmann als auch Lütje zu einer ähnlichen Figur um ein Erziehungsziel zu erreichen. Das Ziel ist zwar bei Hoffmann ein anderes, denn er will deutlich machen, dass man ein anderes Kind nicht wegen seines Aussehens verurteilen darf, doch in der Geschichte vom schwarzen Buben bei Hoffmann taucht ein Nikolaus auf, der dem Knecht Ruprecht bei Maddalena sehr ähnlich sieht. Auch die Funktion der beiden ist die gleiche, denn beide machen deutlich, was das Kind bzw. die Kinder falsch gemacht haben.

Die Lügen-Liese
In der letzten Geschichte wird Liese von ihrem Vater auf die Lügen-Brücke geschickt. Diese bricht sofort unter ihr zusammen und Liese fällt ins Wasser. Hier hat Liese wieder aus ihrem Fehler gelernt, denn der Text schließt mit den Worten »Die Liese sagt in ihrem Leben niemals eine Lüge mehr!«[9]

Wasser bleibt für Lütje ein beliebtes Mittel der Bestrafung. Denn auch hier sehen wir die Liese im letzten Bild triefend im Wasser stehen. In diesem Fall ist sie traurig

---

9   Ebd.

und weint. Sie wischt sich die Tränen aus den Augen. Diese Bestrafung ist wie die Vorausgegangenen nicht unangemessen und somit auch nicht übertrieben angsteinflößend.

Abschließend kann man sagen, dass Lütje sein Buch sehr viel harmloser aufbaut als es der *Struwwelpeter* ist. Liese muss nicht einmal um ihr Leben fürchten und sie wird auch nicht sehr schwer verletzt, sie behält alle Gliedmaßen. Es scheint also bei Mädchen sehr viel einfacher zu sein, sie durch kleinere Maßnahmen zu erziehen. Sie sind bereits bei recht unangenehmen Folgen bereit sich zu bessern, es muss nicht zwangläufig mit dem Schlimmsten gedroht werden. Interessant ist die Betonung der Phantasie, deutlich etwa bei den Kobolden und bei der Antropomorphisierung der Sonne und des Windes, die bei den Mädchen offensichtlich größere Wirkung verspricht als bei den Jungen.

Wirkungen – »Struwwelliese« macht Werbung

Die Geschichten von der *Struwwelliese* machten bald Karriere. So dienten sie nicht mehr nur der reinen Kinder- und Mädchenunterhaltung und -erziehung, sondern waren ein gern gesehenes Symbol in der Werbung, die sich auf den Kontext der weiblichen Lebenswelt bezog. So enthielt wohl auch die 40. Auflage der *Struwwelliese* eine Anzeige für ein Fleckenwasser. Diese Anzeige griff die Geschichte der mutwilligen Liese auf. Diese wurde kurzerhand umgeschrieben und die Puppe wurde nun mit Schokolade befleckt und von der Frau Mama mit besagtem Fleckenwasser wieder gereinigt. Da ebenso wie die Original-*Struwwelliese*-Zeichnungen auch die Anzeige von Maddalena illustriert wurde, hob sie sich kaum vom eigentlichen Buch ab, und wurde sie automatisch mitgelesen.

Im Jahre 1910 in der 70. Auflage der *Struwwelliese* wird diese erneut zur Werbeträgerin. In dieser Ausgabe findet sich eine Anzeige für Malzkaffee. Auch diese Anzeige hebt sich kaum vom Stil des Buches ab, und wird darum ebenfalls mitgelesen. Es handelt sich auch hier um eine Geschichte über ein Mädchen namens Lieschen. Lieschen ist kränklich und nimmt durch diesen Malzkaffee genug zu, um ein gesundes Kind zu werden. Auffällig ist, dass das Produkt selbst in der Anzeige nicht gezeigt wird. Es wird lediglich im Text erwähnt. Der Werbeträger setzt also auf den hohen Wiedererkennungswert seiner Liese, denn diese findet sich auch auf allen anderen Produkten und Produktwerbungen der Firma.

Eine in der Literatur auftauchende Figur wird auch durch die Werbung eingeführt. Es handelt sich um die Figur der Struwwelpetra. Diese macht in den 50er Jahren Karriere. Unter anderem taucht sie in einer Werbung eines anerkannten Unterwäscheherstellers auf. Gezeigt wird eine Dame mit wilden Locken, die lediglich mit BH und Slip bekleidet ist. Der Slogan lautet »Nicht nur für Struwwelpetras«. Diese Werbung will jung und innovativ erscheinen und arbeitet mit dem weiblichen Körper.

Andere Hersteller beziehen sich auf die Haare: Ein Drogeriemarkt zeigt ein kleines Mädchen mit zersaustem Haar und einem riesigen Kamm in der Hand. Hier wird für unter anderem für Haarpflegeprodukte geworben. Auch in dieser Werbeanzeige wird das Mädchen als Struwwelpetra tituliert. Die Struwwelpetra und das Thema Schönheit stehen im engen Bezug zueinander. So werden auch heute noch immer wieder Friseursalons unter dem Namen Struwwelpetra eröffnet.[10] Und es ist immer wieder erstaunlich, wie sich auch die weiblichen Pendants zum *Struwwelpeter* in die Marketing-Produkte einschleichen und von dort Auskunft geben über Rollenmodelle und Erziehungsvorstellungen.

10 *Struwwelpeter macht Reklame – Ein Bilderbuch wird vermarktet.* Frankfurt/M.: Heinrich-Hoffmann-Museum, 2001.

Dorothee Räber

»Struwwelhitler« (1941)

In der Folge des deutschen Überfalls auf Polen 1939 und der darauf folgenden Kriegserklärung Großbritanniens an Deutschland nahm im Vereinigten Königreich eine große antinationalsozialistische Propagandakampagne ihren Anfang. Viele Poster und Aufrufe bezogen sich in erster Linie auf das alltägliche Leben und sollten der Bevölkerung neue, dem Krieg angepasste Verhaltensweisen vermitteln, so z.B. Sparsamkeit und Selbstversorgung, Verdunkelung und Vorsicht bei der Weitergabe von Informationen. Spätestens aber mit dem Beginn der Bombardierung englischer Städte im Jahr 1940 richtete sich die Propaganda zunehmend gegen Deutschland und die Nationalsozialisten selbst, die mit allerlei Witzen und Verspottungen bedacht wurden. In diesen Zeit- und Sinnzusammenhang lässt sich die 1941 erschienene Satire *Struwwelhitler – A Nazi Story Book by Doktor Schrecklichkeit* (siehe auch Abbildung S. 153) einordnen.[1]

Der Herausgeber

Das Büchlein wurde damals zum Preis von eineinhalb Shilling – bzw. 1 Shilling 6 Pence, so die Preisangabe auf dem Titelblatt – verkauft. Der Erlös floss in den *Daily Sketch War Relief Fund*, ein Hilfswerk des Zeitungsverlages, der auch die Zeitungen *Daily Sketch* und *Sunday Graphic* herausbrachte. Das Geld des Fonds kam der Unterstützung der britischen Truppen sowie den Opfern der deutschen Luftangriffe zugute. Über diesen Sachverhalt wurden die Leser mit einer kleinen Bemerkung auf einer der ersten Seiten informiert.

In der Haltung des Eigentümers des Zeitungsverlags, Lord Kemsley, spiegelt sich der Verlauf der britischen Außenpolitik zwischen den Kriegen und nach Ausbruch des Zweiten Weltkriegs wider. Der eher konservative Publizist unterstützte lange

---

[1] Zu diesem Abschnitt vgl. *Von Struwwelhitler bis Punkerpeter. Struwwelpeter-Parodien vom Ersten Weltkrieg bis heute.* Katalog zur gleichnamigen Ausstellung des Heinrich-Hoffmann-Museums. Frankfurt/M., 1988, S. 14.

Zeit die Appeasement-Politik[2] und war von der Notwendigkeit einer deutsch-britischen Verständigung überzeugt, vor allem aus Angst vor einer Verbreitung des Kommunismus. »Direkte Eingriffe in die journalistische Meinungsfreiheit zugunsten einer NS-freundlichen Berichterstattung seiner Zeitungen sind belegt.«[3] Auch wenn die Appeasement-Strategie offiziell bis zum Rücktritt Arthur Neville Chamberlains 1940 fortgesetzt wurde, zeitigte sie doch spätestens seit dem deutschen Einmarsch in Polen keine Ergebnisse mehr und wurde innenpolitisch nicht mehr unterstützt.[4] Einen solchen Sinneswandel kann man auch für Kemsley annehmen, da er sonst die Spottschrift über die Nationalsozialisten wohl kaum in seinem Verlag herausgebracht hätte. Möglicherweise steckt sogar eine Rache an den über lange Zeit hinweg als politische Partner betrachteten Deutschen als Motiv hinter dieser Entscheidung.[5]

Wer ist Doktor Schrecklichkeit?

Hinter dem Pseudonym Dr. Schrecklichkeit verbergen sich als Autoren und Zeichner des *Struwwelhitler* die Brüder Robert (1871-1964) und Philip Spence (1873-1945). Beide hatten das Fach Kunst in Newcastle studiert und galten in der Kunstszene ihrer Zeit als herausragend. Robert Spence war Mitglied der *Royal Society of Etchers and Engravers*, Philip hingegen war als Aquarellmaler und Illustrator beliebt. Er hatte bereits vor 1941 für die Zeitung *Daily Sketch* gearbeitet. Erfahrung und Ausbildung der Brüder erklären die Qualität ihrer Zeichnungen. Text und Bild sind nicht dem einem oder dem anderen zuzuordnen; es handelt sich beim *Struwwelhitler* um eine Gemeinschaftsarbeit, die sie vollbrachten, obwohl sie damals nicht in derselben Stadt lebten. Robert Spence beschäftigte sich lange Zeit seines Lebens mit George Fox, dem Gründer der Quäker, einer religiösen Bewegung, deren Lehre Gewaltverzicht predigte. In diesem Interesse könnte ein dafür Grund liegen, dass

---

2 »Appeasement (englisch: Besänftigung, Beschwichtigung), kritisch gebrauchtes Schlagwort zur Beschreibung der Reaktion der westeuropäischen Regierungen, vor allem der britischen, auf die Expansionspolitik des nationalsozialistischen Deutschlands unter Adolf Hitler, aber auch des faschistischen Italiens unter Benito Mussolini in den dreißiger Jahren.« In: *Microsoft Encarta Professional 2003*, Artikel: Appeasement.
3 *Struwwelhitler – Punkerpeter*, S. 15.
4 Vgl. Friedemann Bedürftig/Christian Zentner (Hgg.): *Das große Lexikon des Dritten Reiches*. München: Südwest Verlag, 1985, S. 32.
5 Vgl. *Struwwelhitler – Punkerpeter*, S. 15.

Spence an der Propagandaschrift gegen das Gewalt verherrlichende und anwendende NS-Regime mitwirkte.[6]

Vorläufer und Hintergründe des »Struwwelhitler«

Die Zeichner stehen mit ihrer auf dem *Struwwelpeter* beruhenden politischen Satire in einer britischen Tradition. Bereits im Jahr 1899 stellte *The Political Struwwelpeter* einen Angriff auf die imperialistische Außenpolitik Großbritanniens dar; nur ein Jahr darauf erschien *The Struwwelpeter Alphabet*, das unter dem Buchstaben G wie Germany Kritik an Kaiser Wilhelm II. übte. Weitere deutlich antideutsche *Struwwelpeter*-Parodien sind *Swollen-headed William* aus dem Jahr 1914, ein Buch, das sich anläss-

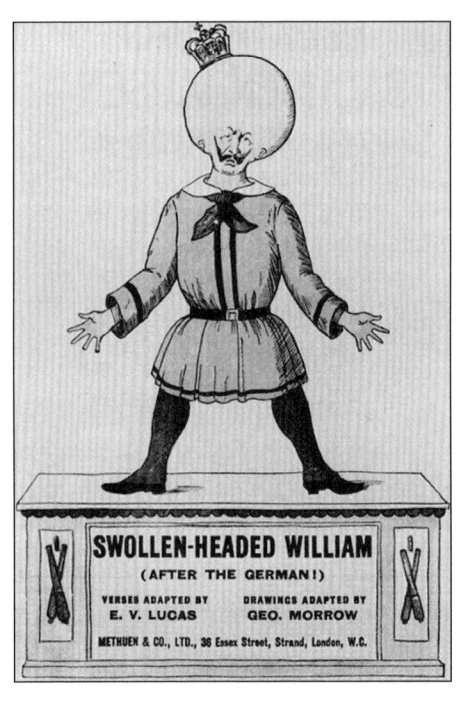

---

6   Biographische Informationen entnommen aus: Platthaus, Andreas: *Zappeladolf, Struwwelhitler*. In: *Frankfurter Allgemeine Zeitung*, 27. Juli 2005, S. 37; *Struwwelhitler – Punkerpeter*, S. 15; Philip Spence/Robert Spence: *Struwwelhitler. A Nazi Story Book by Doktor Schrecklichkeit* [1941]. Nachdruck des Originals mit Übers. von Dieter H. Stündel. Berlin: Autorenhaus Verlag, 2005, Klappentext hinten.

lich des Beginns des Ersten Weltkriegs ausschließlich mit den zahlreichen negativen Eigenschaften Kaiser Wilhelms beschäftigte[7], und *Truffle Eater*, der so genannte Nazi-Struwwelpeter, aus dem Jahr 1933, in dem Hitler an die Macht kam. Darin werden die Ereignisse des ersten halben Jahres der NS-Diktatur scharfsinnig betrachtet, was zeigt, dass in Großbritannien im Allgemeinen der deutschen Propaganda, z.B. zum Reichstagsbrand, kein Glauben geschenkt wurde.[8]

Um die Brisanz und Aktualität des *Struwwelhitler* bei seinem Erscheinen nachvollziehen zu können, sollte man sich noch einmal die Kriegssituation von 1941, gerade in Bezug auf England, vor Augen führen. Wie bereits erwähnt, hatte die Zivilbevölkerung in den englischen Städten seit dem Jahr 1940, in dem Hitler die »Luftschlacht um England« ausgerufen hatte, an deren Ende natürlich Eroberung und Besetzung der Insel(n) stehen sollten, unter starken Bombardierungen zu leiden (alleine bis Mai 1941 kamen über 40.000 Zivilisten ums Leben).[9] Dadurch wurde der Hass auf die Deutschen stark geschürt, er drückte sich in Publikationen wie *Struwwelhitler* aus. Wie in seinem Vorgänger, dem *Truffle Eater*, zeigen sich aber auch in diesem eine gute Informationslage über die innenpolitischen Vorgänge in Deutschland und ein genaues Verständnis der propagandistischen Verschleierungsversuche.

Leider ist es schwierig, das genaue Erscheinungsdatum des Buches herauszufinden. Angesichts der Tatsache, dass die weit verbreitete Angst vor einer Einflussnahme des Sowjetregimes in Europa eine Rolle spielte, ist anzunehmen, dass es vor dem Überfall auf die Sowjetunion am 22.6.1941 zumindest fertig gestellt wurde. Die deutschen Truppen in Russland waren anfangs so erfolgreich, dass eine Angst vor dem Sieg des Kommunismus für einen gewissen Zeitraum wohl eine geringere Rolle gespielt haben dürfte.

Aufbau der Parodie

Robert und Philip Spence gingen über ihren eigentlichen Schwerpunkt hinaus und dichteten die Verse aller *Struwwelpeter*-Geschichten neu. Dabei orientierten sie sich

---

7   Informationen zu den ersten drei Parodien vgl. *Von Peter Struwwel bis Kriegsstruwwelpeter. Struwwelpeter-Parodien von 1848 bis zum Ersten Weltkrieg*. Katalog zur gleichnamigen Ausstellung des Heinrich-Hoffmann-Museums. Frankfurt/M., 1985, S. 32, 34, 44.
8   Vgl. *Struwwelhitler – Punkerpeter*, S. 10f.
9   Vgl. Bedürftig/Zentner, *Lexikon*, S. 364-365.

allerdings nicht an den englischen Übersetzungen des Hoffmannschen Originals – eine der berühmtesten stammt aus der Feder Mark Twains – sondern übersetzten die Texte neu und änderten sie so stark ab, dass sie zu Spottgesängen wurden, die kaum noch Ähnlichkeit mit der Vorlage erkennen lassen. Die Bilderfolgen und den Bilderaufbau des Originals haben sie hingegen relativ genau übernommen, aber natürlich Personen, Farben und wichtige, aussagekräftige Details dergestalt umgearbeitet, dass sie auf die politische und die Kriegssituation passten. Es ist in allen Fällen deutlich zu erkennen, um welche Geschichte und um welches Bild es sich jeweils handelt. Unterstützt wird der Wiedererkennungseffekt durch die syntaktische und strukturelle Ähnlichkeit der Titel. Mit einer Ausnahme sind die Bildergeschichten in der gleichen Reihenfolge angeordnet wie im *Struwwelpeter* von Hoffmann: *Der fliegende Robert* ist gleich zweimal parodiert worden, einmal in Bezugnahme auf den selbst ernannten Fliegerhelden Hermann Göring und das andere Mal auf Hitlers Stellvertreter Rudolf Heß (mehr zu einzelnen Geschichten s.u.). Die Parodie auf Heß befindet sich an letzter Stelle (wie die vom *Fliegenden Robert* bei Hoffmann). Da man davon ausgehen kann, dass sie aus aktuellen Gründen kurz vor der Veröffentlichung hinzugefügt wurde, ist anzunehmen, dass die Göring-Parodie von ihrem ursprünglichen Platz am Ende auf die achte Stelle vorgerückt ist, um zu vermeiden, dass zwei sehr ähnliche Geschichten direkt aufeinander folgen.

Erfolg, Vergessen und Wiederentdeckung

Der *Struwwelhitler* erfreute sich unter diesen Umständen einer großen Beliebtheit. Innerhalb kurzer Zeit wurde er mehrfach aufgelegt.[10] Neben dem Bedürfnis der Zivilbevölkerung, Hass und Furcht eine Form zu geben, spielt sicherlich auch die ebenfalls schon erwähnte Enttäuschung des konservativen Lagers (s. Lord Kemsley) über Deutschland eine Rolle bei der Verbreitung des Buches. Man darf davon ausgehen, dass die Leser in der Regel eine der englischen Versionen des *Struwwelpeter* vor Augen hatten – diese »genossen [im englischen Sprachraum] eine ähnliche Bekanntheit wie in Deutschland«[11] – und daher die Lektüre als Parodie einordnen konnten.

Später geriet dieses Werk der Gebrüder Spence in Vergessenheit und das sowohl in Großbritannien als auch in Deutschland. Den Organisatoren der Ausstellung *Von*

---

10 Vgl. Spence, *Struwwelhitler*, Klappentext vorne.
11 Platthaus, FAZ.

Struwwelhitler bis Punkerpeter war 1988 offensichtlich nur Robert Spence als einer der Autoren hinter Doktor Schrecklichkeit bekannt und selbst die Nachkommen der Spences wussten nicht, was Robert und Philip neben ihrer normalen Arbeit noch geschaffen hatten. Wie der zweite Teil des Nachwortes der aktuellen deutschen *Struwwelhitler*-Ausgabe berichtet, besuchte einer der Erben der Brüder, Rory Spence, 2001 das Heinrich-Hoffmann-Museum in Frankfurt und erfuhr dort von dem Buch. In der Folge konnte auch Philip Spence als Autor ermittelt werden. 2005 wurde eine Neuauflage auf den deutschen Markt gebracht, versehen mit einem Vorwort von Joachim Fest und Informationen zu den Autoren/Zeichnern, zur Rezeptionsgeschichte sowie einer kurzen Interpretationshilfe im ersten Teil des Nachwortes. Außerdem enthält der Nachdruck Übersetzungen der englischen Texte (von Dieter H. Stündel). Diese halten sich sehr eng an das Original und führen dem deutschen Leser auf diese Weise sehr deutlich die Entfernung von den Hoffmannschen Versen vor Augen. Wie schon 1941 kommen die Erlöse aus dem Verkauf dieser Ausgabe einem kulturellen Zweck zugute, da die Spence-Erben »zugunsten des *Struwwelpeter*-Museums [...] auf alle Einkünfte daraus verzichtet haben.«[12]

Vom Grausamen Adolf bis Gobby-Giftfeder

Im Folgenden sollen nun kurz die Themen aller Geschichten vorgestellt werden, bevor beispielhaft einige von ihnen abgebildet und genauer erläutert werden.

Im Allgemeinen ist auffällig, dass es vorrangig um Themen geht, die für das Ausland, dabei allerdings nicht nur speziell für Großbritannien, interessant sind. Das sind außenpolitische Fragen und das Verhalten Deutschlands gegenüber anderen europäischen Ländern oder den USA vor dem Krieg. Der Krieg selbst, obwohl bei Erscheinen der Satire bereits seit beinahe zwei Jahren im Gange, spielt nicht die Hauptrolle. In mehr als einer Hinsicht werden jedoch aus den Ereignissen der Jahre 1939 bis 1941 aus heutiger Sicht erstaunlich hellsichtige Schlüsse in Bezug auf noch zu erwartende Kriegsverläufe gezogen.

Es wird mehrfach die Brutalität Hitlers sowie seine Wort- und Vertragsbrüchigkeit bzw. die seines Außenministers Joachim von Ribbentrop thematisiert. Neben diesem werden einige weitere wichtige Nationalsozialisten karikiert, so z.B. Joseph

---

12 Platthaus, FAZ.

Goebbels, dem die Daumen abgeschnitten werden, damit er als Propagandaminister seinen Füller zur Verbreitung von Lügen nicht mehr halten kann. Göring wird vor allem in seiner Selbstdarstellung parodiert. In der Geschichte von *Hermann Who Wouldn't Have Butter* wird auf seine Leibesfülle angespielt und zugleich auf den Umstand verwiesen, dass das Volk darben muss. Als *Flying Hermann* werden sein Stolz, ein Fliegerheld zu sein und seine Absicht, Deutschland vor Bombardierungen zu schützen, lächerlich gemacht.

Mussolini als Verbündeter Hitlers und dessen Nacheiferer wird in zwei Geschichten aufs Korn genommen. In der Rolle des Hoffmannschen Jägers zieht er aus, Griechenland zu erobern, wird aber dort nicht mit dem Widerstand fertig. Als *Little Musso Head In The Air* marschiert er dann blindlings Hitler hinterdrein, dessen Buch *Mein Kampf* unter den Arm geklemmt, und fällt dabei ins Wasser. Zwar wird er von Hitler und seinen Getreuen gerettet, verliert jedoch bei dem Unfall seine Flotte.

In der *Geschichte vom Zappel-Adolf (Story of Fidgety Adolf)* versuchen die USA und Großbritannien – symbolisiert durch Uncle Sam und die dicke Tante Britannia – den umtriebigen Hitler zur Ordnung zu rufen. Sie können aber nichts ausrichten und er richtet mit seinem Verhalten alles zugrunde, so dass am Ende nichts als eine Trümmerlandschaft bleibt.

In zwei Fällen wird das Verhalten der Deutschen an sich kritisiert. In *Gretchen And The Gun* geht es um die ideologische und vor allem militärische Indoktrinierung der Jugend, dargestellt anhand einer blond bezopften BDM-Angehörigen, die sich durch das Spiel mit einer Kanone selbst in Brand setzt. Der *Cruel Adolf*, dem *Wütenden Friedrich* nachempfunden, attackiert zunächst Frankreich in Gestalt der Marianne und quält anschließend den deutschen Hund Fritz. Dieser setzt sich aber erfolgreich zur Wehr, während Adolf vom amerikanischen Doktor Uncle Sam zu Tode gepflegt wird.

Detailliertere Interpretationen

Struwwelhitler – A Nazi Story Book
Die einleitende Bildgeschichte stellt eine Interpretation der Funktionsweise des nationalsozialistischen Deutschlands dar. Bei Heinrich Hoffmann sitzt an dieser Stelle oben im Bild ein Engel, der über das weihnachtliche Geschehen auf Erden wacht. In dieser Variante thront ein dicker Kapitalist mit Zylinder und Zigarre zwischen sei-

STRUWWELHITLER
A NAZI STORY BOOK

When the children have been good,
That is, be it understood,
Good at killing, good at lying,
Good at on each other spying.
When their fourteen Pas, and Mas,
Grandmammas, and Grandpapas,
Great Grandparents too, are sure
That their Aryan stock is pure.
They shall have the pretty things
Krupp Von Bohlen kindly brings,
And the blessings, only listen!
Brought by Stinnes, Frick, and Thyssen,
Who will welcome all your savings
While you feed on grass and shavings.
Only such as these shall look
At this pretty picture book.

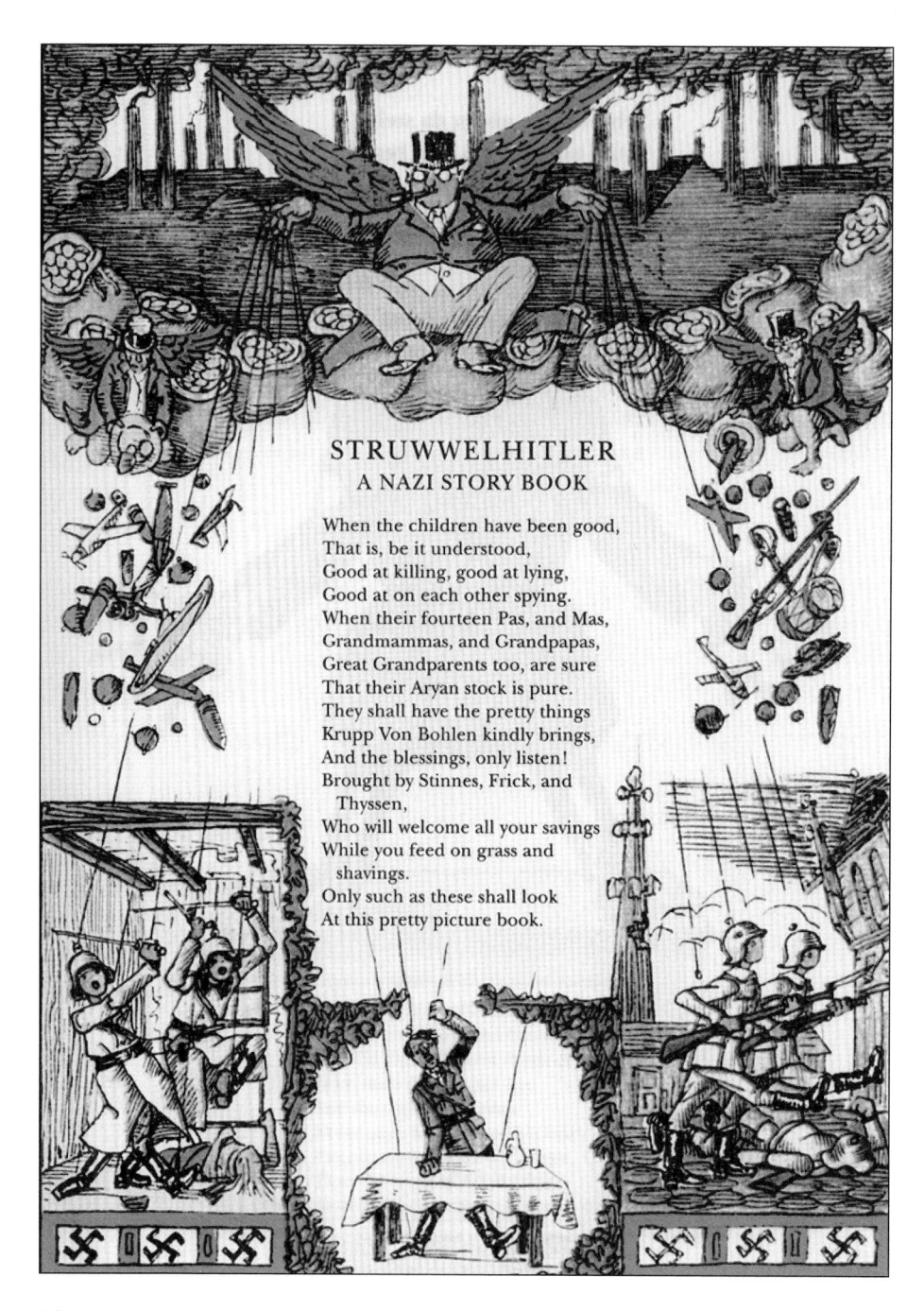

nen Geldsäcken und lenkt über Fäden Hitler und seine Soldaten, die als Marionetten nach seinem Willen tanzen.

Der Text geht auf die militärische Indoktrinierung der Bevölkerung ein, die sich sogar schon bei den Kindern bemerkbar macht (»Good at killing, good at lying / Good at on each other spying.«), sowie auf die Rassenideologie der Nazis (»That their Aryan Stock is pure.«). Diese ersten Verse lassen noch keinerlei Bezug zur Illustration erkennen, sondern stellen lediglich eine Anspielung auf die Hoffmannsche Erklärung dar, welche Kinder zu Weihnachten mit Geschenken rechnen konnten. Die folgenden Verse jedoch nennen die wichtigsten Produzenten von Stahl und Kriegsmaschinerie, wie »Krupp Von Bohlen [...] Stinnes, Frick, and Thyssen«[13], aus deren Händen im mittleren Teil des Bildes Kriegsspielzeug auf die Soldaten herabregnet.

Zwischen der Industrie und der politischen Sphäre bestanden während der gesamten Dauer des Nationalsozialismus bedeutende Wechselwirkungen. Ohne den Einfluss einiger Industrieller und deren finanzielle Unterstützung wäre Hitler nicht an die Macht gekommen. Gerade die in den Versen genannten Unternehmen, aber auch zahlreiche weitere, profitierten von den so genannten Arisierungen jüdischer Unternehmen ebenso wie von der Aufrüstung und beuteten in ihren Fabriken Zwangsarbeiter und KZ-Häftlinge aus. Dass der Vorspruch auf diesen Sachverhalt eingeht, zeigt, dass man ihn bereits 1941 als Tatsache gesehen hat und dass die Kenntnisse über die jüngste Geschichte und damals aktuelle Vorgänge im Ausland recht weitgehend waren.

Andererseits kann man die hier zum Ausdruck gebrachte Sichtweise als kommunistisch geprägt verstehen, denn sie betrachtet »den *Faschismus als politische Rettung eines krisengeschüttelten Kapitalismus*«.[14] Sie steht in merkwürdigem Gegensatz zur politisch konservativen Haltung Lord Kemsleys, des Herausgebers[15], der im Gegensatz zu seinen früheren Praktiken (s.o.) im Fall des *Struwwelhitler* den Autoren wohl freie Meinungsäußerung gewährt hat.

---

13 Die Nennung des Namens Frick beruht wahrscheinlich auf einem Irrtum der Autoren. Zwar hieß der langjährige Innenminister Hitlers Wilhelm Frick, doch in diesem Zusammenhang ist davon auszugehen, dass der Großindustrielle Friedrich Flick gemeint ist (vgl. Bedürftig/Zentner, *Lexikon*, S. 179, 194). In der Übersetzung von Stündel ist von Flick die Rede. Mit »Krupp Von Bohlen« ist Gustav Krupp von Bohlen und Halbach, Stahl- und Waffenproduzent, gemeint (vgl. ebd. S. 336).
14 *Struwwelhitler – Punkerpeter*, S. 16. Kursiv Gedrucktes steht dort in einfachen Anführungszeichen.
15 Vgl. ebd.

The Story of the Nazi Boys
In dieser Geschichte haben es Hitler, Ribbentrop und Goebbels auf einen in Pelz gewandeten und mit Hammer und Sichel ausgerüsteten Bolschewiken abgesehen. Ihrerseits mit Hakenkreuzfahne (Hitler), Riesenfüller zum Unterzeichnen von Verträgen (Ribbentrop) und »Völk'sche[m] Beobachter« (Goebbels) ausgestattet, verlachen und malträtieren sie den Russen ob seiner Vorliebe für das, was die Farbe rot im politischen Sinn bedeutet (»Oh Bolshy, you're as red as blood!«).

(10)

Die Strafe für dieses Vergehen lässt jedoch nicht lange auf sich warten. Auf der nächsten Seite ist ein riesenhafter, komplett rot gekleideter Stalin zu sehen, der die Figur des Nikolaus bei Hoffmann ersetzt. Auf seine Ermahnung hin erklären die »Nazi Boys« vertraglich, den Bolschewiken in Ruhe zu lassen, natürlich mit der Absicht, diesen Vertrag ebenso wenig einzuhalten, wie sie es gewohnt sind (»Ribby [said], [...] I'm just as good at signing pacts / As Goebbels at distorting facts.«) Allerdings ist es in diesem Fall Stalin, der die Nase vorn hat. Er zögert nicht lange und ergreift die drei, um sie in ein mit roter Tinte gefülltes und ebenfalls mit Hammer und Sichel verziertes Tintenfass zu tauchen. Daraufhin von Kopf bis Fuß rot eingefärbt (»branded like the Bolshevik«) tanzen Hitler, Goebbels und Ribbentrop dem Russen hinterdrein und fragen sich, ob sie nicht doch eine falsche Taktik angewendet haben (»They wonder if they've dropped a brick.«)

Der Nichtangriffspakt zwischen Deutschland und der Sowjetunion – abgeschlossen am 23.8.1939 – stellte für die Verfechter der britischen Appeasement-Politik einen Affront dar bzw. entzog dieser Strategie ihre wichtigste Grundlage. Man hatte im bürgerlichen Lager lange gehofft, sich mit Deutschland gegen den Kommunismus zusammenschließen zu können. Aufgrund dieses Vertrages trat Großbritannien wenige Tage später, nach dem Einmarsch der Deutschen in Polen, so schnell gegen Deutschland in den Krieg ein.[16]

Die *Geschichte von den Nazi-Buben*, so der deutschsprachige Titel, übt zum einen heftige Kritik an der üblichen deutschen Praxis des Vertragsbruchs, drückt aber zugleich die Angst aus, dass Hitler es in diesem Fall zu weit getrieben haben und nach einem Sieg der Sowjetunion der Kommunismus in ganz Europa Einzug halten könnte.[17]

The Story of Flying Rudolf
An letzter Stelle werden im *Struwwelhitler* die damals brandaktuellen Entwicklungen um Rudolf Heß erzählt. Dieser flog im Mai 1941 in der Absicht, »vor dem geplanten Ru[ss]landfeldzug in London für Frieden [mit Deutschland] zu werben«[18], eigenmächtig, das heißt ohne Absprache mit Hitler, über den Ärmelkanal und sprang mit dem Fallschirm über Schottland ab.

Die Geschichte ist nach dem Modell des *Fliegenden Robert* in drei Bilder mit jeweils passenden Versen unterteilt. Zuerst wird der politische Werdegang Heß' beschrieben. Er hatte es durch größtmögliche Ergebenheit und Unterstützung der nationalsozialisti-

---

16 Vgl. *Struwwelhitler – Punkerpeter*, S. 16.
17 Vgl. Spence, *Struwwelhitler*, Nachwort 1. Teil.
18 Bedürftig/Zentner, *Lexikon*, S. 251.

schen Bewegung von 1920 an bis zu Hitlers Stellvertreter gebracht. Die Verse zum zweiten Bild versuchen, Heß' Flug nach Großbritannien mit einer Flucht vor einem Konkurrenzkampf gegen Himmler zu erläutern (»But there eyed him still askance / Himmler's cold and fishy glance / [...] Rudolf thought: – ›To leave by stealth / Will be better for my health.‹«), und macht zugleich die mit dieser Entscheidung einhergehende Entzweiung mit Hitler deutlich. Die Verse zum dritten Bild versuchen, diesen Erklärungsansatz fortzuführen. Die Tatsache, dass man sich aber eigentlich keinen Reim auf das Geschehen machen kann (»Now, it isn't very clear / What he's wanting over here«) führt noch einmal vor Augen, wie kurz dieses bei der Entstehung der Geschichte erst her gewesen sein kann. Offensichtlich hatte Heß noch keine Gelegenheit gehabt, selbst seinen Plan zu erklären oder die Informationen waren noch nicht an die Öffentlichkeit gelangt. Man konnte lediglich sicher davon ausgehen, dass Heß erst einmal nicht nach Deutschland zurückgehen würde (»Rudolf won't go back again«). Tatsächlich blieb er dann bis zum Kriegsende in britischer Gefangenschaft und wurde in den Nürnberger Prozessen zu lebenslänglicher Haft verurteilt, in der er 1987 in Berlin starb.[19]

Diese drei Bildgeschichten können als Beispiele gelten für die Intention der *Struwwelhitler*-Autoren und den in ihrem Büchlein herrschenden Tonfall.

Der Vorspruch illustriert, wie sehr die Funktionsweise des Nazi-Regimes im Ausland durchschaut wurde, was dann dort eben auch laut ausgesprochen werden konnte. Die *Nazi-Buben*-Geschichte dagegen ist Ausdruck der weit verbreiteten Furcht vor dem Kommunismus, die die britische Außenpolitik vor dem Krieg sowie die Nachkriegsordnung in Europa mitbestimmte. Die Thematisierung des Heß'schen Schottlandfluges weist darauf hin, dass die Spences sehr auf Aktualität bedacht waren und mit Spannung alle kriegsrelevanten Entwicklungen verfolgten.

Im Hinblick auf diese Themen sowie die der acht weiteren Geschichten und angesichts ihres spöttisch-besorgten Untertons kann mal wohl unterstreichen, dass der *Struwwelhitler* ein Zeugnis des 1941 in Großbritannien herrschenden Zeitgeists ist.

---

19 Historische Informationen in diesem Abschnitt vgl. Bedürftig/Zentner, *Lexikon*, S. 251; *Microsoft Encarta Professional 2003*, Artikel: Heß, Rudolf.

Anja Schwarz

Der »Anti-Struwwelpeter« von F.K. Waechter (1970)

»Sieh einmal, hier steht er, der Anti-Struwwelpeter.«[1] So oder so ähnlich hätte es wohl 1970 heißen können, als Friedrich Karl Waechter (bekannt als F.K. Waechter) seine Version der bekannten Figur von Dr. Heinrich Hoffmann im Melzer Verlag veröffentlichte. Hier steht er nun, lächelt frech, zeigt seine kleine Zahnlücke und hält selbst das giftgrüne »Anti«-Schild vor den Struwwelpeter-Titel. Hier steht er, breitbeinig, die Haare wild gelockt und fast in der gleichen Farbe wir der »Anti«-Schriftzug, er trägt ein rotes Hemd, ein lila Halstuch, einen gelben Gürtel, grüne Hosen und orange Stiefel – alles in allem eine bunte und fröhliche Erscheinung. Es scheint, als hätte sich einiges getan, seit Dr. Heinrich Hoffmann 1844 seinen älteren Bruder erfand: Keine schamesroten Wangen, kein schuldbewusster Blick, kein Podest mehr, von dem man die Liste seiner Vergehen ablesen kann.

Wer ist dieser »Kerl«, wie ist er entstanden und was sollen Kinder von ihm lernen, bzw. welches Bild davon, wie Kinder sein sollten, wird entwickelt, was wird durch ihn und die anderen Geschichten im *Anti-Struwwelpeter* vermittelt? Ist das Buch überhaupt ein Kinderbuch, oder ist es mehr für Erwachsene gedacht, die das Hoffmannsche Original aus ihrer Jugend kennen und den satirischen Ansatz verstehen? Zur Beantwortung dieser Fragen ist es hilfreich, einen Blick auf das Leben des Autors und die Zeit, in der das Buch entstanden ist, zu werfen.

Friedrich Karl Waechter wurde am 3. November 1937 in Danzig als Sohn eines Lehrers geboren, sein Vater fiel im Zweiten Weltkrieg. Waechter besuchte die Lauenburgische Gelehrtenschule in Ratzeburg, wo sich schon früh sein zeichnerisches Talent zeigte. Ein Jahr vor dem Abitur verließ er die Schule, um an der Kunstschule Alsterdamm in Hamburg Gebrauchsgrafik zu studieren. Nach dem Studium zeichnete Waechter unter anderem Cartoons für die Zeitschrift *Twen*; ab 1962 arbeitete er für die Satirezeitschrift *Pardon* und gestaltete zusammen mit Robert Gernhardt und F.W. Bernstein ab 1964 regelmäßig die Nonsens-Seiten *Welt im Spiegel*. Mit den beiden genannten, sowie Eckhardt Henscheid, Chlodwig Poth, Bernd Eilert, Peter Knorr und Hans

---

[1] Friedrich Karl Wachter: *Der Anti-Struwwelpeter*. Frankfurt/M.: Melzer Verlag, 1970.

Traxler zählt Waechter zu der legendären *Neue[n] Frankfurter Schule*[2]. 1979 gehörte F.K. Waechter zu den Gründungsmitgliedern des Satiremagazins *Titanic*, für das er bis 1992 arbeitete. Seine Hauptbeschäftigung war jedoch die Arbeit am Theater als Autor und Regisseur. Sein erster eigenständiger Bucherfolg war *Der Anti-Struwwelpeter* (1970). Später distanzierte sich Waechter jedoch von dem Buch, weil er es »zu holzschnittartig« fand. Friedrich Karl Waechter starb am 16. September 2005 im Alter von 67 Jahren an einem Lungenkrebsleiden.[3]

Waechter veröffentlichte den *Anti-Struwwelpeter*, wie bereits erwähnt, 1970, zur Hochzeit der so genannten *Antiautoritären Kinder- und Jugendliteratur* (AKJL)[4]. Die ersten Bücher dieser Kennzeichnung erschienen im Herbst 1968. Mit dem Aufkommen der von der studentischen Außerparlamentarischen Opposition (APO) initiierten Kinderläden[5] entstand der Bedarf an geeigneten Materialien, die den neu formulierten Erziehungspraktiken und -zielen dienen sollten. Parallel zu dieser Entwicklung verlief eine pädagogische und philosophische Diskussion, in der antiautoritäre einer traditionellen autoritären Erziehung gegenübergestellt wurde. Im Mittelpunkt des öffentlichen Interesses stand das freie englische Schulmodell *Summerhill*[6] des Schotten Alexander Sutherland Neill, dessen Thesen eine repressionsfreie, kinderbezogene und im Rousseauschen Sinne natürliche Erziehung[7] propagierten. Be-

---

2 Die Neue Frankfurter Schule (abgekürzt: NFS) umfasst eine Gruppe von Satirikern und Schriftstellern, der Name lehnt sich an die Frankfurter Schule von Max Horkheimer und Theodor W. Adorno an.
3 Zu diesem Abschnitt vgl. *Lexikon der Kinder- und Jugendliteratur.* Hg. von Klaus Doderer. Frankfurt/M.: Institut für Jugendbuchforschung, 1979, S. 753-756.
4 Vgl. hierzu: ebd., S. 46-50.
5 Ein Kinderladen ist ein selbstverwalteter Kindergarten. Oft werden ehemalige Ladenräume benutzt, daher der Name. Die Gründung der ersten Kinderläden erfolgte 1968 in Berlin, Stuttgart, Frankfurt und Hamburg.
6 Summerhill wurde 1921 gegründet und gilt als älteste demokratische Schule der Welt. Drei Hauptmerkmale sind 1. Selbstverwaltung 2. selbstbestimmtes Lernen 3. Freiheit von Moralvorstellungen.. Es galt das Prinzip »freie Erziehung und nicht frei von Erziehung«, wie es in den 60er Jahren oft missinterpretiert wurde. Vgl. hierzu :A.S. Neill: *Erziehung in Summerhill – das revolutionäre Beispiel einer freien Schule.* München: Sczesny-Verlag, 1965.
7 In Rousseaus pädagogischem Hauptwerk *Émile – oder über die Erziehung* wird die fiktive Erziehung eines Jungen beschrieben. So wie die Natur einfach da ist, soll auch die Natur des Kindes zur Entfaltung gebracht werden.

dingt durch diese Diskussion und einer sich dadurch abzeichnenden Lücke auf dem literarischen Markt, begannen einige Verlage, unter anderem Rowohlt, Melzer, Beltz&Gelberg und der Basis-Verlag, Kinder- und Jugendbücher zu publizieren, die unter dem Anspruch auftraten, antiautoritär zu sein. Ziele dieser Literatur und damit auch der antiautoritären Erziehung sollten unter anderem eine Veränderung bzw. kritische Reflexion gesellschaftlicher Verhältnisse, das Infragestellen von Autoritäten, wie z.B. der Polizei, das Erlernen von Kritikfähigkeit, eine Sensibilisierung gegenüber eigenen und fremden Interessen und das Aufzeigen von Möglichkeiten des Wandels gesellschaftlichen Wirklichkeit, z.B. durch Solidarisierung, sein; immer davon ausgehend, dass in der bisherigen Kinder- und Jugendliteratur (und Erziehung) eine fraglose Anpassung und Unterordnung an bestehende Bedingungen und Autoritäten impliziert wurde.

Inwieweit auch Waechter mit seinem *Anti-Struwwelpeter* diese Ziele verfolgt, bzw. ob die Kinder in seinen Geschichten selbige bereits verwirklicht haben, soll im Folgenden genauer betrachtet werden.

Waechter hat *Die Geschichte von dem wilden Jäger* und *Die Geschichte vom Hanns Guck-in-die-Luft* nicht für sein Buch aufgegriffen, dafür zwei neue hinzugefügt und Einzelgeschichten aus Dr. Hoffmanns Original zu jeweils einer kombiniert. Auch hat Waechter die Reihenfolge der Geschichten verändert, da bei ihm Verbindungen bestehen: Er lässt Figuren aus vorangegangenen Geschichten an anderer Stelle erneut auftreten.[8]

Der Einstieg in das Buch wird mit einer Neuinterpretation der Verse gemacht, die ursprünglich die Front des Hoffmannschen Originals zierte: »Wenn die Kinder artig sind […]«. Doch wird hier den Kindern nicht empfohlen, den Regeln ihrer Eltern zu folgen, sondern unangepasst und selbstständig zu sein: »Darum sei nicht fromm und brav / wie ein angepflocktes Schaf, / sondern wie die klugen Kinder / froh und frei. Das ist gesünder.«[9]

Auch das außergewöhnliche Aussehen des Struwwelpeters wird bei Waechter nicht zum Ziel von Spott und Kritik. Der Junge steht lächelnd da und die grau in grau ge-

---

8   Vgl. hierzu z.B. *Die Geschichte von Paulinchen und den Mohrenbuben* und *Die Geschichte vom Friederich*.
9   Alle Zitate aus dieser Geschichte vgl. Waechter, *Der Anti-Struwwelpeter*, S. 5f.

kleideten Erwachsenen zeigen mit den Fingern auf ihn. Dieses Verhalten wird jedoch sofort als falsch bzw. »blöd« charakterisiert: »›Pfui‹, ruft da manch Blöder: / ›Garstger Struwwelpeter.‹«[10] Konformismus und Ausgrenzung Andersartiger sind hier das Ziel der wirklichen Kritik.

Als Beispiel für das selbstbewusste und tolerante Auftreten von Kindern, das Waechter vermitteln will, verwendet er *Die Geschichte von Paulinchen und den Mohrenbuben*, eine Kombination aus den Hoffmannschen Originalgeschichten *Die gar traurige Geschichte mit dem Feuerzeug* und der *Geschichte von den schwarzen Buben*. Paulinchen ist alleine zu Hause, doch anstelle des verbotenen Feuerzeuges lässt Waechter sie auf eine andere vermeintliche Gefahr in Gestalt dreier Mohrenbuben treffen. Paulinchen möchte jedoch sofort mit den Mohren spielen; es treten die bekannten Katzen als warnende Instanz auf: »»Die Mutter hat's verboten! / [...] niemals einem Mohren trau!«« Rassismus wird offen thematisiert, doch die Kinder lassen sich nicht beirren, setzen sich über das Verbot hinweg, werfen sogar die mahnenden Katzen aus dem Haus. Die Strafe folgt jedoch auf dem Fuße, der Vater kommt nach Hause, übernimmt die Aufgabe des Nikolaus aus Hoffmanns Original und tunkt Paulinchen in das Tintenfass. Doch was als Bestrafung gedacht war, entwickelt sich völlig gegensätzlich: »Weil ich jetzt wie die Mohren bin, / lauf ich zu meinen Freunden hin.« Gegen seinen Willen hat der Vater die von ihm gezogene Grenze zwischen den verschiedenen Hautfarben aufgehoben und somit seine Tochter endgültig von sich entfremdet. »Sie tat's [zu den Mohren laufen] und hat es nie bereut.«[11] Das letzte Bild ist ein deutlicher Kontrast zwischen dem Original und der »Anti«-Variante; hier fragen nicht die weinenden Katzen nach den Eltern, die das Unglück hätten verhindern können, sondern es sind die Erwachsenen selbst, die sich nicht mehr zu helfen wissen, und über die von ihnen verursachte Situation Tränen vergießen.

In *Die Geschichte vom Friederich* werden die im Original-Struwwelpeter dargestellten Kindersünden als Fehler der Erwachsenen aufgrund autoritären Verhaltens ent-

---

10 Alle Zitate aus dieser Geschichte vgl. ebd. S. 7.
11 Alle Zitate aus dieser Geschichte vgl. ebd. S. 11ff.

larvt. Friedrichs »Vorbild« für seine ausufernde Aggression ist der eigene Vater: »Da mit der Peitsche in der Hand, / kommt Friedrichs Vater angerannt, / er schlägt den Knaben gar so sehr / und schreit und schlägt ihn immer mehr [...].«. Schließlich sperrt der Vater den Sohn sogar in den Keller; allerdings kann er das Kind dort nicht lange gefangen halten: Mit einer List befreien einige bekannte Freunde, »Hans[12], Paulinchen und Max, der Mohr«, Friedrich. Ein weiteres Beispiel für Solidarität und gemeinsames Handeln als Weg zu einer wörtlichen wie symbolischen Befreiung. Die letzte Illustration zu dieser Geschichte gibt einen deutlichen Hinweis auf die Alternativen zu der gewalttätigen Erziehungsform des Vaters; ein Schild weist den Kindern den Weg: »Zum Kinderladen«. Am Ende stellt sich die Frage, wer »böse« ist (dieses Attribut hat Waechter im Titel nicht aus dem Original übernommen), der Vater, der sein Kind schlägt und einsperrt, oder Friedrich, der möglicherweise nur das Produkt einer offensichtlich gewalttätigen Erziehung ist.

Für eine weitere Geschichte, die das von Waechter propagierte Bild eines zufriedenen und selbstbewussten Kindes deutlich macht, findet sich bei Hoffmann kein Vorbild, *Die Geschichte von den Protzekindern*. Die Kinder, darunter einige bereits bekannte: »Die Grete, Hans und Friederich, / der Robert, Philipp, Ludewig«[13], spielen gemeinsam auf einer Wiese, versuchen jedoch anfänglich sich gegenseitig mit ihren Fähigkeiten und Besitztümern zu überbieten. Nach einigem Hin und Her ist es schließlich das Gretchen, das die Kinder wieder zur Vernunft bringt: »Ihr seid ja wie erwachsne Leute, / die immer protzen [...], / wir sollten doch zusammenhalten /

---

12 Wahrscheinlich ist hier die Figur aus Hoffmanns *Die Geschichte vom Hanns Guck-in-die-Luft* gemeint, Waechter greift diese Figur in seinem Buch außer an dieser Stelle noch einmal bei *Die Geschichte von den Protzekindern* auf. Hier wird auf die roten Schuhe von Hanns verwiesen, die er auch in der Originalgeschichte von Hoffmann trägt.
13 Der Name »Ludewig« könnte als Bezug zu *Die Geschichte von den schwarzen Buben* aus Hoffmanns *Struwwelpeter* gesehen werden; Ludwig ist hier der Name eines der Jungen, die sich über den Mohr lustig machen.

und uns nicht zanken wie die Alten.«[14] Besonders bezeichnend ist, dass die Kinder ihr Fehlverhalten selbstständig erkennen. Keine eingreifende Autorität ist nötig, das Lernen durch eigene Erfahrungen wird hier positiv dargestellt. Gleichzeitig wird die Definition des eigenen Wertes über materiellen Besitz kritisiert, Solidarität und Gemeinschaft erneut als die besseren Alternativen dargestellt.

Auf den letzten Seiten schließt sich der Kreis: Waechter beendet seinen Anti-Struwwelpeter mit der gleichen Geschichte wie Dr. Hoffmann das Original: *Die Geschichte vom fliegenden Robert*. Allerdings ist es in der vorliegenden Version kein Zufall oder Unglück, dass Robert fliegen kann; der Junge scheint dies zum Vergnügen zu tun. Doch der Spaß wird sehr bald von seinem Vater verdorben; der sieht in dem Talent seines Sohnes eine gute Möglichkeit Geld zu verdienen: »Sowas macht man nicht umsu[!]nst!« So fährt er also mit Robert um die ganze Welt um ihn vorzuführen und scheint sich wenig dafür zu interessieren, wie unglücklich sein Kind dabei ist; der Erwachsene entlarvt sich selbst als kapitalistischer Ausbeuter. Dem Jungen fehlt jedoch schnell die Verbindung zu anderen: »[...] bald hat Robert alles satt, / weil er keine Freunde hat.« Also nimmt wieder einmal das Kind die Sache selbst in die Hand: Es fliegt zurück zu seiner Mutter und seinen Freunden; sein Vater hat dafür jedoch wenig Verständnis. Robert übernimmt daraufhin die eigentlich von einem Erwachsenen erwartete vermittelnde Position; er versucht seinem Vater die eigenen Interessen näher zu bringen, eine Verbindung herzustellen: »[...] Zum Beispiel so ein Flug zu zweit / schenkt eine Menge Fröhlichkeit.«[15] Und so endet diese Geschichte und damit das ganze Buch, nach jeder Menge Provokationen und Streitigkeiten zwischen Kindern und Erwachsenen mit einem über-

---

14 Alle Zitate aus dieser Geschichte vgl. Waechter, *Der Anti-Struwwelpeter*, S. 24ff.
15 Alle Zitate aus dieser Geschichte vgl. ebd. S. 27ff.

raschend versöhnlichen Bild: Vater und Sohn fliegen gemeinsam allem, das da noch kommen mag, entgegen.

Zusammenfassend lässt sich sagen, dass die oben erwähnten, an die AKJL gestellten Forderungen durchaus erfüllt sind. Die Kinder im *Anti-Struwwelpeter* können zum Großteil als positive Vorbilder einer antiautoritären Erziehung gesehen werden. Sie sind tolerant, selbstbewusst und solidarisch. Die einzige Ausnahme, Friedrich, hebt besonders die negativen Folgen des autoritären Weges hervor. Das Kind wird vom Vater geschlagen und reagiert mit ebenfalls aggressivem Verhalten gegenüber seiner Umwelt, es wird deutlich, dass Gewalt nur wieder Gewalt erzeugen kann. Anders als im Hoffmannschen Original werden bei Waechter nicht die Vergehen der Kinder und die darauf folgenden Strafen gezeigt; vielmehr stellt er das Original auf den Kopf und verdeutlicht die Fehler, die die Eltern mit ihrer strengen, repressiven und zum Teil sogar gewalttätigen Erziehung machen. Den Kindern soll Mut gemacht werden, selbstständig zu denken, eigene Erfahrungen zu machen und sich auf ihre Bedürfnisse zu besinnen.

Doch ist *Der Anti-Struwwelpeter* nun für Kinder oder Erwachsene gedacht? Im Katalog *Von Struwwelhitler bis Punkerpeter – Struwwelpeter-Parodien vom Ersten Weltkrieg bis heute* ist zu lesen, dass die Idee zum Anti-Struwwelpeter im Insel Verlag entstand; jedoch nicht, weil das Original als besonders autoritär angesehen wurden, sondern weil es reizvoll schien, sich an einem so bekannten Buch zu reiben.[16] Dieser provokative Ansatz dürfte Erwachsene mehr interessieren als Kinder. Auch die satirische Verformung des Originals ist ein künstlerisches Mittel, das Eltern eher zu schätzen wissen als ihre Sprösslinge. Ebenfalls sollte die Anmerkung erlaubt sein, dass die Gefahr besteht, dass Kinder sich zu sehr in der oberflächlich vermittelten Idee des »Ich mache, was ich für richtig halte, weil die Erwachsenen eh keine Ahnung haben.«, verlieren. Christa Hunscha bemerkte dazu in ihrem Buch *Von Struwwelpeter bis Krümelmonster* ganz richtig: »Was nützt es, eine Autorität lächerlich zu machen, von der man abhängig ist?«[17]

---

16 Vgl. hierzu: *Von Struwwelhitler bis Punkerpeter – Struwwelpeter-Parodien vom Ersten Weltkrieg bis heute.* Katalog zur gleichnamigen Ausstellung des Heinrich-Hoffmann-Museums. Frankfurt/M.: Heinrich-Hoffmann-Museum, 1988, S. 30.
17 Vgl. hierzu: Christa Hunscha*: Struwwelpeter und Krümelmonster. Die Darstellung der Wirklichkeit in Kinderbüchern und Kinderfernsehen* Frankfurt/M.: Fischer, 1974, S. 125.

Des Weiteren gibt es Kinderbücher, die Werte wie Gemeinschaft und Toleranz vermitteln, ohne dabei politische Ideologiekritik zu betreiben. Als Beispiele aus einer unerschöpflichen Vielfalt seien an dieser Stelle nur zwei Klassiker erwähnt: *Das kleine Ich bin Ich*, von Mira Lobe und Susi Weigel, die Geschichte vom kleinen Stofftier, das vielen Tieren ähnlich sieht, aber keinem gleicht – bis es erkennt: Ich bin nicht irgendwer, ich bin ich. Oder *Freunde* von Helme Heine, die unvergesslichen Abenteuer von Franz von Hahn, Johnny Mauser und dem dicken Schwein Waldemar, die gemeinsam alle Höhen und Tiefen des Lebens meistern.

Waechter selbst betonte immer wieder, dass er sich wenig Gedanken darum macht, wen er mit seinen Büchern anspricht. »Ich denke weniger ›Was gehört in ein Kinderbuch?‹ oder an ein altersspezifisches Lesepublikum, […], sondern hab einen Einfall und schau, wie ich den am besten erzähle. Und dann ist es am Ende eher ein Kinderbuch oder auch nicht.« Auf den *Anti-Struwwelpeter* direkt angesprochen, äußert er sich versöhnlich; sieht ihn als ein Buch für Kinder und (von) Erwachsene(n). »Ja, es gibt Teile, die typisch pädagogisch sind, obwohl der Ansatz damals eher ein satirischer war […]. Und es [der Anti-Struwwelpeter] war eher für die gedacht, die den Original-Struwwelpeter schon kennen. Mittlerweile ist es wohl von meinen Kinderbüchern das meistverkaufte. Das ist komisch, obwohl – so komisch eigentlich auch wieder nicht, weil es ja nach wie vor die Erwachsenen sind, die Kinderbücher kaufen. Und jetzt sind die Erwachsenen Eltern, die das als Kind vielleicht mitgekriegt haben und jetzt für ihre Kinder kaufen.«[18] So steht am Ende die Erkenntnis, dass *Der Anti-Struwwelpeter* nicht unbedingt nur bestimmte Werte und Moralvorstellungen an Kinder vermitteln soll, sondern im Besonderen eine Brücke zwischen den Generationen schlägt. Die Eltern schmunzeln beim gemeinsamen Lesen über den satirischen Ansatz und erinnern sich an vergangene Zeiten und die Kinder gewinnen einen Eindruck davon, wie ihre Mütter und Väter einst gemeinsam die Welt verändern wollten.

---

18 Zu allen Zitaten aus diesem Absatz vgl. das Interview von Katja Preissner auf *www.hinternet.de/comic/interview/waechter.php*.

Quellenangaben

Umschlag: graphic-design-reinke, Bramsche

S. 12: *Struwwelpeter*-Hampelmann: graphic-design reinke, Bramsche

S. 14/15/21: Fotos: Lev Silber, Osnabrück

S. 40: Heinrich Hoffmann: C.H. Herzog/Helmut Sievert: *Struwwelpeter-Hoffmann in Texten und Bildern*. Katalog. Frankfurt/M.: Verlag Heinrich-Hoffmann-Museum, 1978, Vorsatzblatt

S. 43: Neurologische Klinik Dr. Heinrich Hoffmann: ebd., S. 43

S. 47: *Handbüchlein für Wühler*. In: Beate Zekorn-von Bebenburg: *Struwwelpeter wird Revolutionär. Heinrich Hoffmann und 1848*. Frankfurt/M.: Verlag Heinrich-Hoffmann-Museum, 1998, S. 39

S. 51: Verkehrte Welt. *Neu-Ruppiner Bilderbogen der Firma Gustav Kühn,* Neu-Ruppin vor 1835. In: Marie-Luise Könneker: *Dr. Heinrich Hoffmanns »Struwwelpeter«. Untersuchungen zur Entstehungs- und Funktionsgeschichte eines bürgerlichen Bilderbuchs*. Stuttgart: Metzler, 1977, S. 184

S. 52/53: William Hogarth: *Die vier Stationen der Grausamkeit* – Stationen 1 und 4. In: William Hogarth: *Der Kupferstich als moralische Schaubühne*. Stuttgart: Gerd Hatje, 1987, S. 175 und 181

S. 54: Rollentausch als Bestrafung. In: *Die verkehrte Welt in Bildern und Reimen*, Stuttgart [um 1840.] In: *Der Struwwelpeter – Entstehung eines berühmten deutschen Kinderbuchs*. Eine Ausstellung des Arbeitskreises »Bürger gestalten ihr Museum«. Frankfurt/M.: Heinrich-Hoffmann-Museum, 1983, S. 15

S. 55: *»...und komm dem roten Zünglein nicht zu nah!« Illustration zum 35. Rätsel aus Friedrich Hoffmann: Neue Rätsel und Bilder*, Essen 1841. In: *Berühmtes deutsches Kinderbuch*, S. 20

S. 57: *Der heilige Nikolaus mit den drei auferweckten Schülern im Salzfass. Kupferstich um 1600.* In: *Berühmtes deutsches Kinderbuch,* S. 13

S. 59: Karikatur zu Haarwuchspomade. Gavarni: *Un enfant terrible.* Kreidelithographie 1840. In: *Berühmtes deutsches Kinderbuch,* S. 10

S. 60: »*Dann bläst er stark von unten.*« Rudolph Töpffer: *Komische Bilder-Romane. Lustige Geschichten und Karikaturen des berühmten Verfassers der Genfer Novellen.* Darmstadt: Metzler, 1975, S. 3

S. 64: George Cruishank: *Puzzled which to choose.* In: Wilhelm-Busch-Gesellschaft (Hg.): *George Cruishank 1792-1878.* Stuttgart: Gerd Hatje, 1983, S. 148

S. 65: Honoré Daumier: *Die Blaustrümpfe 1844.* In: Matthias Arnold: *Honoré Daumier: Leben und Werk.* Stuttgart: Belser, 1987, S. 31

S. 66: J.J. Grandville: *Eine Kaffeehaus.* In: Grandville: *Bilder aus dem Staats- und Familienleben der Tiere.* 2 Bde. Bd 1, Frankfurt/M.: Insel, 1976, S. 267

S. 67: ABC-Bilder. *Neu-Ruppiner Bilderbogen der Firma Gustav Kühn,* Neu-Ruppin vor 1835. In: Marie-Luise Könneker: *Dr. Heinrich Hoffmanns »Struwwelpeter«. Untersuchungen zur Entstehungs- und Funktionsgeschichte eines bürgerlichen Bilderbuchs.* Stuttgart: Metzler, 1977, S. 44

S. 83/84: Wilhelm Busch: *Max und Moritz.* Stuttgart: o.V., 2000, S. 20-22

S. 90/92/93: Dr. J. Lütje und F. Maddalena: *Die Struwwelliese in einer Bearbeitung des Originals.* Malaysia: Nelson, 2004, o. Seitenzahlen: Bild 1: *Die Schlafmützige Liese;* Bild 2: *Die naschhafte Liese;* Bild 3: *Von der Liese, die nicht beten wollte*

S. 95: Heinrich-Hoffmann Museum: *Struwwelpeter macht Reklame – Ein Bilderbuch wird vermarktet.* Frankfurt/M.: frankfurter werkgemeinschaft e.V. , 2001, S. 22

S. 99: Abb. links: *Von Peter Struwwel bis Kriegsstruwwelpeter. Struwwelpeter-Parodien von 1848 bis zum Ersten Weltkrieg.* Frankfurt /M.: Heinrich-Hoffmann-Museum, 1985, S. 44. – Abb. rechts: *Von Struwwelhitler bis Punkerpeter. Struwwelpeter-Parodien vom Ersten Weltkrieg bis heute.* Frankfurt/M.: Heinrich-Hoffmann-Museum, 1988, S. 10

S. 104: [Philip und Robert Spence]: *Struwwelhitler: A Nazi Story Book by Dr. Schrecklichkeit. Mit einem Vorwort von Joachim Fest.* Autorenhaus Verlag, Berlin, 2003, (ISBN 3-932909-30-5), o.S.

S. 106: ebd., S. 10

S. 107: ebd., S. 24

S. 110: Foto F.K. Waechter: www.kleinestheaterlandshut.de/HTML/spielplan_2005_eisprinzessin.htm

S. 112: F.K. Waechter: *Der Anti-Struwwelpeter.* Zürich: Diogenes Verlag, 1982, S. 14 (© 1990 Diogenes Verlag AG Zürich)

S. 113: ebd., S. 23

S. 114: ebd., S. 30

S. 121-145: *Struwwelpeter.* Ganzdruck. Loewes Verlag Ferdinand Carl. O.O., o.J. (Wir danken freundlichst dem Loewes Verlag für die erteilte Abdruckgenehmigung)

S. 146: Heinrich Hoffmann: *Der Struwwelpeter in seiner zweiten Gestalt und eine Studie zur Struwwelpeter-Figur.* Berlin: Rütten und Loening, 1994

S. 147/148: Aus der ersten Druckfassung des Struwwelpeter. In: Anita Eckstaedt: *Der Struwwelpeter. Dichtung und Deutung. Eine psychoanalytische Studie.* Frankfurt/M.: Insel, 1998

S. 149: Henry Ritter: *Der politische Struwwelpeter.* Mit einem Nachwort hg. von Karl Riha. Faks. d. Ausgabe von 1849. Köln: Informationspresse, 1984

S. 150: Dr. Julius Lütje: *Die Struwwelliese.* Mit Bildern von F. Maddalena. Zuerst Hamburg [1870]

S. 151: [Fritz Netolitzky:] *Der Aegyptische Struwwelpeter.* Reprod. d. Ausgabe von 1895 bei Gerold in Wien. [München:] Kindler, 1975

S. 152: Druck mglw. um 1890

S. 153: [Philip und Robert Spence:] *Struwwelhitler – A Nazi Story Book by Doktor Schrecklichkeit.* Berlin: Autorenhaus-Verlag, 2005 [1941]

S. 154: Cilly Schmitt-Teichmann: *Die Struwwelliese.* Bilder von Charly Greifoner. [Fürth:] pestalozzi-verlag [1965]

S. 155: F.K. Waechter: *Der Anti-Struwwelpeter.* Zürich: Diogenes Verlag, 1982 (© 1990 Diogenes Verlag AG Zürich)

S. 156: Helmut Seitz: *Struwwelpetra.* Esslingen: Schreiber [um 1970]

S. 157: Rolf Kauka: Strubbelpeter und Schnatterliese. O.O., o.J. [um 1970]

S. 158: Manfred Bofinger: *Der Struwwelpeter.* Berlin: Rütten und Loening, 1994

S. 159: O.V.: *Den store Bastian.* Lindhardt og Ringhof Ferlag. [Zuerst 1847]. Übersetzung ins Dänische

S. 160: Piet de Smeerpoets. Amsterdam: Vennootschap Letteren en Kunst. [Zuerst 1910]. Übersetzung ins Niederländische

S. 161: Japan [1985]. Reprint 1994. Übersetzung ins Japanische

S. 162: Heinrich Hoffmann: *Tipiér shevé touk.* Übersetzt von André Payet. Bilder von François Nativel. Ile de la Réunion, 2002. Übersetzung ins Kreolische

S. 163: *Struwwelpeter. Die Songs! Live!* Deutsches Schauspielhaus in Hamburg [2002]

S. 167: *Struwwelpeter*-Hampelmann: Heinrich-Hoffmann-Museum, Frankfurt/M.

S. 168: *Struwwelpeter*-Hampelmann/*Struwwelpetra*-Hampelfrau: graphic-design-reinke, Bramsche

1. Struwwelpeter. Ganzdruck

Der Struwwelpeter

oder

lustige Geschichten und drollige Bilder

Wenn die Kinder artig sind
kommt zu ihnen das Christkind;
wenn sie ihre Suppe essen
und das Brot auch nicht vergessen,
wenn sie, ohne Lärm zu machen,
still sind bei den Siebensachen,
beim Spaziergehn auf den Gassen
von Mama sich führen lassen,
bringt es ihnen Guts genug
und ein schönes Bilderbuch.

Sieh einmal, hier steht er,
pfui, der Struwwelpeter!
An den Händen beiden
ließ er sich nicht schneiden
seine Nägel fast ein Jahr;
kämmen ließ er nicht sein Haar.
Pfui, ruft da ein jeder:
Garstger Struwwelpeter!

Die Geschichte vom bösen Friederich

Der Friederich, der Friederich
das war ein arger Wüterich!
Er fing die Fliegen in dem Haus
und riß ihnen die Flügel aus.
Er schlug die Stühl und Vögel tot,
die Katzen litten große Not.
Und höre nur, wie bös er war:
Er peitschte seine Gretchen gar!

Am Brunnen stand ein großer Hund,
trank Wasser dort mit seinem Mund.
Da mit der Peitsch herzu sich schlich
der bitterböse Friederich;
und schlug den Hund, der heulte sehr,
und trat und schlug ihn immer mehr.
Da biß der Hund ihn in das Bein,
recht tief bis in das Blut hinein.
Der bitterböse Friederich,
der schrie und weinte bitterlich.
Jedoch nach Hause lief der Hund
und trug die Peitsche in dem Mund.

Ins Bett muß Friedrich nun hinein,
litt vielen Schmerz an seinem Bein;
und der Herr Doktor sitzt dabei
und gibt ihm bittre Arzenei.

Der Hund an Friedrichs Tischchen saß,
wo er den großen Kuchen aß;
aß auch die gute Leberwurst
und trank den Wein für seinen Durst.
Die Peitsche hat er mitgebracht
und nimmt sie sorglich sehr in acht.

Die gar traurige Geschichte mit dem Feuerzeug

Paulinchen war allein zu Haus,
die Eltern waren beide aus.
Als sie nun durch das Zimmer sprang
mit leichtem Mut und Sing und Sang,
da sah sie plötzlich vor sich stehn
ein Feuerzeug, nett anzusehn.
„Ei," sprach sie, „ei, wie schön und fein!
Das muß ein trefflich Spielzeug sein.
Ich zünde mir ein Hölzchen an,
wie's oft die Mutter hat getan."

Und Minz und Maunz, die Katzen,
erheben ihre Tatzen.
Sie drohen mit den Pfoten:
„Der Vater hat's verboten!
Miau! Mio! Miau! Mio!
laß stehn! sonst brennst du lichterloh!"

Paulinchen hört die Katzen nicht!
Das Hölzchen brennt gar hell und licht,
das flackert lustig, knistert laut
grad wie ihr's auf dem Bilde schaut.
Paulinchen aber freut sich sehr
und sprang im Zimmer hin und her.

Doch Minz und Maunz, die Katzen,
erheben ihre Tatzen.
Sie drohen mit den Pfoten:
„Die Mutter hat's verboten!
Miau! Mio! Miau! Mio!
wirf's weg! sonst brennst du lichterloh!"

Doch weh! die Flamme faßt das Kleid,
die Schürze brennt, es leuchtet weit.
Es brennt die Hand, es brennt das Haar,
es brennt das ganze Kind sogar.

Und Minz und Maunz, die schreien
gar jämmerlich zu zweien:
„Herbei! Herbei! Wer hilft geschwind?
In Feuer steht das ganze Kind!
Miau! Mio! Miau! Mio!
zu Hilf! das Kind brennt lichterloh!"

Verbrannt ist alles ganz und gar,
das arme Kind mit Haut und Haar;
ein Häuflein Asche bleibt allein
und beide Schuh, so hübsch und fein.

Und Minz und Maunz, die kleinen
die sitzen da und weinen:
Miau! Mio! Miau! Mio!
wo sind die armen Eltern? wo?"
Und ihre Tränen fließen
wie 's Bächlein auf den Wiesen.

Die Geschichte von den schwarzen Buben

Es ging spazieren vor dem Tor
ein kohlpechrabenschwarzer Mohr.
Die Sonne schien ihm aufs Gehirn,
da nahm er seinen Sonnenschirm.
Da kam der Ludwig hergerannt
und trug sein Fähnchen in der Hand.
Der Kaspar kam mit schnellem Schritt
und brachte seine Brezel mit.
Und auch der Wilhelm war nicht steif
und brachte seinen runden Reif.
Die schrien und lachten alle drei,
als dort das Mohrchen ging vorbei,
weil es so schwarz wie Tinte sei!

Da kam der große Nikolas
mit seinem großen Tintenfaß.
Der sprach: »Ihr Kinder, hört mir zu
und laßt den Mohren hübsch in Ruh!
Was kann denn dieser Mohr dafür,
daß er so weiß nicht ist wie ihr?«
Die Buben aber folgten nicht
und lachten ihm ins Angesicht
und lachten ärger als zuvor
über den armen, schwarzen Mohr.

Der Niklas wurde bös und wild,
du siehst es hier auf diesem Bild!
Er packte gleich die Buben fest,
beim Arm, beim Kopf, bei Rock und West,
den Wilhelm und den Ludewig,
den Kaspar auch, der wehrte sich.
Er tunkt sie in die Tinte tief,
wie auch der Kaspar »Feuer« rief.
Bis übern Kopf ins Tintenfaß
tunkt sie der große Nikolas.

10

Du siehst sie hier,
wie schwarz sie sind,
viel schwärzer als das Mohrenkind.
Der Mohr voraus im Sonnenschein,
die Tintenbuben hinterdrein;
und hätten sie nicht so gelacht,
hätt Niklas sie nicht schwarz gemacht.

Die Geschichte vom wilden Jäger

Es zog der wilde Jägersmann
sein grasgrün neues Röcklein an;
nahm Ranzen, Pulverhorn und Flint
und lief hinaus ins Feld geschwind.

Er trug die Brille auf der Nas
und wollte schießen tot den Has.

Das Häschen sitzt im Blätterhaus
und lacht den wilden Jäger aus.

Jetzt schien die Sonne gar zu sehr,
da ward ihm sein Gewehr zu schwer.
Er legte sich ins grüne Gras;
das alles sah der kleine Has.
Und als der Jäger schnarcht und schlief,
der Has ganz heimlich zu ihm lief
und nahm die Flint und auch die Brill
und schlich davon ganz leis und still.

Die Brille hat das Häschen jetzt
sich selbst auf seine Nas gesetzt;
und schießen will's aus dem Gewehr.
Der Jäger aber fürcht sich sehr.
Er läuft davon und springt und schreit:
»Zu Hilf, ihr Leut, zu Hilf, ihr Leut!«

Da kommt der wilde Jägersmann
zuletzt beim tiefen Brünnchen an.
Er springt hinein. Die Not war groß;
es schießt der Has die Flinte los.

Des Jägers Frau am Fenster saß
und trank aus ihrer Kaffeetaß.
Die schoß das Häschen ganz entzwei;
da rief die Frau: »O wei! O wei!«
Doch bei dem Brünnchen heimlich saß
des Häschens Kind, der kleine Has.
Der hockte da im grünen Gras;
dem floß der Kaffee auf die Nas.
Er schrie: »Wer hat mich da verbrannt?«
und hielt den Löffel in der Hand.

Die Geschichte vom Daumenlutscher

»Konrad«, sprach die Frau Mama,
»ich geh aus und du bleibst da.
Sei hübsch ordentlich und fromm,
bis nach Haus ich wieder komm.
Und vor allem, Konrad, hör!
lutsche nicht am Daumen mehr;
denn der Schneider mit der Scher
kommt sonst ganz geschwind daher,
und die Daumen schneidet er
ab, als ob Papier es wär.«

Fort geht die Mutter und
wupp! den Daumen in den Mund.

Bauz! da geht die Türe auf,
und herein in schnellem Lauf
springt der Schneider in die Stub
zu dem Daumen-Lutscher-Bub.
Weh! jetzt geht es klipp und klapp
mit der Scher die Daumen ab,
mit der großen, scharfen Scher!
Hei! da schreit der Konrad sehr:

Als die Mutter kommt nach Haus,
sieht der Konrad traurig aus.
Ohne Daumen steht er dort,
die sind alle beide fort.

Die Geschichte vom Suppen-Kaspar

Der Kaspar, der war kerngesund,
ein dicker Bub und kugelrund.
Er hatte Backen rot und frisch;
die Suppe aß er hübsch bei Tisch.
Doch einmal fing er an zu schrein:
»Ich esse keine Suppe! nein!
Ich esse meine Suppe nicht!
Nein, meine Suppe eß ich nicht!«

Am nächsten Tag — ja sieh nur her!
da war er schon viel magerer.
Da fing er wieder an zu schrein:
»Ich esse keine Suppe! nein!
Ich esse meine Suppe nicht!
Nein, meine Suppe eß ich nicht!«

Am dritten Tag, o weh und ach!
wie ist der Kaspar dünn und schwach!
Doch als die Suppe kam herein,
gleich fing er wieder an zu schrein:
»Ich esse keine Suppe! nein!
Ich esse meine Suppe nicht!
Nein, meine Suppe eß ich nicht!«

Am vierten Tage endlich gar
der Kaspar wie ein Fädchen war.
Er wog vielleicht ein halbes Lot —
und war am fünften Tage tot.

Die Geschichte vom Zappel-Philipp

»Ob der Philipp heute still
wohl bei Tische sitzen will?«
Also sprach in ernstem Ton
der Papa zu seinem Sohn,
und die Mutter blickte stumm
auf dem ganzen Tisch herum.
Doch der Philipp hörte nicht,
was zu ihm der Vater spricht.
Er gaukelt
und schaukelt,
er trappelt
und zappelt
auf dem Stuhle hin und her.
»Philipp, das mißfällt mir sehr!«

Seht, ihr lieben Kinder, seht,
wie's dem Philipp weiter geht!
Oben steht es auf dem Bild.
Seht! er schaukelt gar zu wild,
bis der Stuhl nach hinten fällt.
Da ist nichts mehr, was ihn hält.
Nach dem Tischtuch greift er, schreit.
Doch was hilft's? Zu gleicher Zeit
fallen Teller, Flasch und Brot.
Vater ist in großer Not,
und die Mutter blicket stumm
auf dem ganzen Tisch herum.

Nun ist Philipp ganz versteckt,
und der Tisch ist abgedeckt.
Was der Vater essen wollt,
unten auf der Erde rollt.
Suppe, Brot und alle Bissen,
alles ist herabgerissen.
Suppenschüssel ist entzwei,
und die Eltern stehn dabei.
Beide sind gar zornig sehr,
haben nichts zu essen mehr.

20

Die Geschichte vom Hanns Guck-in-die-Luft

Wenn der Hanns zur Schule ging,
stets sein Blick am Himmel hing.
Nach den Dächern, Wolken, Schwalben
schaut er aufwärts allenthalben.
Vor die eignen Füße dicht,
ja, da sah der Bursche nicht,
also daß ein jeder ruft:
»Seht den Hanns Guck-in-die-Luft!«

Kam ein Hund daher gerannt;
Hännslein blickte unverwandt
in die Luft.
Niemand ruft:
»Hanns! gib acht, der Hund ist nah!«
Was geschah?
Bauz! perdauz! — da liegen zwei,
Hund und Hännschen nebenbei.

Einst ging er an Ufers Rand
mit der Mappe in der Hand.
Nach dem blauen Himmel hoch
sah er, wo die Schwalbe flog,
also daß er kerzengrad
immer mehr zum Flusse trat.
    Und die Fischlein in der Reih
sind erstaunt sehr, alle drei.

Noch ein Schritt! und plumps! der Hanns
stürzt hinab kopfüber ganz! —
    Die drei Fischlein, sehr erschreckt,
haben sich sogleich versteckt.

Doch zum Glück da kommen zwei
Männer aus der Näh herbei,
und die haben ihn mit Stangen
aus dem Wasser aufgefangen.

Seht! nun steht er triefend naß!
Ei, das ist ein schlechter Spaß!
Wasser läuft dem armen Wicht
aus den Haaren ins Gesicht,
aus den Kleidern, von den Armen,
und es friert ihn zum Erbarmen.

Doch die Fischlein alle drei,
schwimmen hurtig gleich herbei:
streckens Köpflein aus der Flut,
lachen, daß man's hören tut,
lachen fort noch lange Zeit.
Und die Mappe schwimmt schon weit.

Die Geschichte vom fliegenden Robert

Wenn der Regen niederbraust,
wenn der Sturm das Feld durchsaust,
bleiben Mädchen oder Buben
hübsch daheim in ihren Stuben.
Robert aber dachte: Nein!
das muß draußen herrlich sein!
Und im Felde patschet er
mit dem Regenschirm umher.

Hui, wie pfeift der Sturm und keucht,
daß der Baum sich niederbeugt!
Seht! den Schirm erfaßt der Wind,
und der Robert fliegt geschwind
durch die Luft so hoch, so weit.
Niemand hört ihn, wenn er schreit.
An die Wolken stößt er schon,
und der Hut fliegt auch davon.

Schirm und Robert fliegen dort
durch die Wolken immerfort.
Und der Hut fliegt weit voran,
stößt zuletzt am Himmel an.
Wo der Wind sie hingetragen,
ja, das weiß kein Mensch zu sagen.

2. *Struwwelpeter*entwürfe von Heinrich Hoffmann

VI. Die Geschichte vom Daumen-Lutscher.

„Konrad", sprach die Frau Mama,
„ich geh aus, und du bleibst da.
Sei hübsch ordentlich und fromm,
bis nach Haus ich wieder komm.
Und vor allem, Konrad, hör,
lutsche nicht am Daumen mehr;
denn der Schneider mit der Scher
kommt sonst ganz geschwind daher,
und die Daumen schneidet er
ab, als ob Papier es wär."

Fort geht nun die Mutter und
wupp, den Daumen in den Mund!

Bauz, da geht die Türe auf,
und herein in schnellem Lauf
springt der Schneider in die Stub
zu dem Daumen=Lutscher=Bub.
Weh, jetzt geht es klipp und klapp
mit der Scher die Daumen ab,
mit der großen, scharfen Scher!
Hei, da schreit der Konrad sehr!

Als die Mutter kommt nach Haus,
sieht der Konrad traurig aus.
Ohne Daumen steht er dort,
die sind alle beide fort.

3. *Struwwelpeter*variationen: Chronologisch

I. Der politische Struwwelpeter.

Sieh einmal, hier steht er,
Der deutsche Struwwelpeter,
Viele Köpfe hat er,
Manche Unart that er.
Theils ist er guter Royalist,
Theils mäßig und theils Terrorist.
Bald ist er Preuß' bald Oestreich's Kind,
Bald luther'sch und bald röm'sch gesinnt;
Bald ist er Wühler, Heuler bald,
Er trägt ein Röcklein morsch und alt,
Mit sechs und dreißig Flicken
Bedeckt 's ihm kaum den Rücken.
Wenn er den Rock nicht wechseln thut,
Ergeht es nimmermehr ihm gut,
Es ruft sodann ein Jeder,
Pfui, garst'ger Struwwelpeter!

Die Struwwelliese

Sieh einmal, hier diese,
Pfui! Die Struwwelliese!
Ungewaschen, ungekämmt,
Rock zerrissen bis aufs Hemd,
Loch im Strumpf und Loch im Schuh,
Püppchen scheußlich schmutzig, puh!
Pfui! Ist eine Miese,
Garst'ge Struwwelliese!

in einer Bearbeitung des Originals
von Dr. J. Lütje mit Bildern von F. Maddalena

Der Aegyptische Struwwelpeter.

Wenn die Kinder artig sind,
Gern gehorchen und geschwind,
Wenn sie Rah und Ptah verehren,
Auf Osiris' Worte hören,
Nicht die heil'gen Katzen necken
Und den Apis nicht erschrecken,
Wenn sie fromm und
              sittsam auch
Thun, was sonst
        Aegyptens Brauch,
Dann bringt Isis Gut's genug
Und ein schönes
           Bilderbuch.

999. Auflage.

Geliebte Kinderbücher in Originalwiedergaben verlegt bei Kindler

Der Struwwelpeter
oder
lustige Geschichten
und
drollige Bilder
für Kinder von 3-6 Jahren
von
Dr. Heinrich Hoffmann.
Literarische Anstalt Rütten & Loening.
Frankfurt am Main.
Neue feine Ausgabe.
Alle Rechte vorbehalten.

Struwwelhitler

**A Nazi Story Book
by Doktor Schrecklichkeit.**

DIE STRUWWELLIESE

Bilder von Charly Greifoner
Texte von Cilly Schmitt-Teichmann

pestalozzi verlag

Der ANTI Struwwelpeter
von F. K. Waechter

Struwwel petra
Text: Helmut Seitz
Serie 1 1690
Titel 1 1691

1 1691 !/GF 30 086

Rolf Kauka's
Strubbelpeter
und Schnatterliese
5 lustige STREICHE
S&S
661
0780

Der Struwwelpeter

Lustige Geschichten
von
Dr. Heinrich Hoffmann
und
drollige Bilder
von
Manfred Bofinger

Rütten & Loening
Der Struwwelpeter-Original-Verlag

4. Übersetzungen

Den store Bastian

LINDHARDT OG RINGHOF · FORLAG

Piet de Smeerpoets.

Amsterdam.
Vennootschap Letteren en Kunst.

もじゃもじゃペーター

ハインリッヒ・ホフマン さく

ささき たづこ やく

ほるぷクラシック絵本

Tipiér
shevé touk

Lotër : Heinrich HOFFMAN

Le Tradiktër : **André Payet**
Le désinatër : **François Nativel**

5. Vertonung

6. Beispiele aus dem medizinischen Bereich

„Sitz endlich still!"

Bei hyperaktiven, nervösen und konzentrationsschwachen Kindern:

Zappelin®

Homöopathisches Arzneimittel

Zappelin®. Anwendungsgebiet: Die Anwendungsgebiete von Zappelin® leiten sich aus den Arzneimittelbildern der sechs Einzelbestandteile ab: Beruhigung und Stärkung der Nerven, z. B. bei Hyperaktivität, Konzentrationsschwäche, Schlafstörungen. Zu Risiken und Nebenwirkungen fragen Sie Ihren Arzt oder Apotheker.
ISO-Arzneimittel GmbH & Co. KG, 76275 Ettlingen

Mehr Informationen unter www.zappelin.de

DEUTSCHES ÄRZTEBLATT

Ärztliche Mitteilungen

Ausgabe A
Das Organ der Ärzteschaft
Gegründet 1872

28/29

11. Juli 1987

Das hyperkinetische Syndrom

Die Kinder brauchen Hilfe von Eltern, Ärzten, Lehrern

FORTBILDUNG

Krankenhaus: pro und kontra Fallpauschalen

Das US-Modell ist kein Importschlager

Ein Symposium des Bundesarbeitsministeriums über alternative Entgelte

Aktuelle Politik

Heißes Eisen METAMIZOL

Indikationseinschränkung läßt nach ausländischen Erfahrungen einen Rückgang der Agranulozytosehäufigkeit nicht erwarten

Aktuelle Medizin

AIDS-Aufklärung
Etwas Angst ist notwendig – große Angst wirkt lähmend

Die Übersicht

erste hilfe
1999
wero-medical
Ihr Partner für Erste Hilfe, Notfallmedizin und Arbeitsschutz

7. *Struwwelpeter* kreativ – Hampelmannfiguren

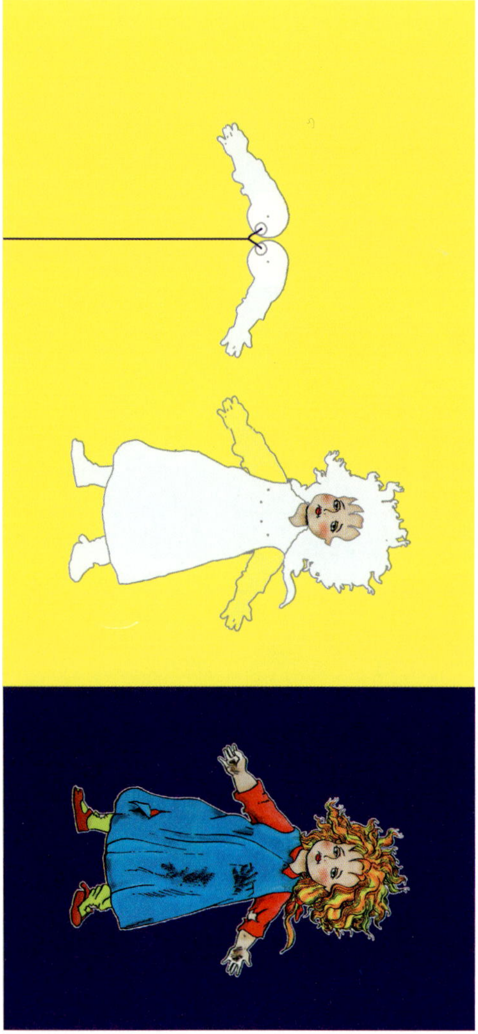

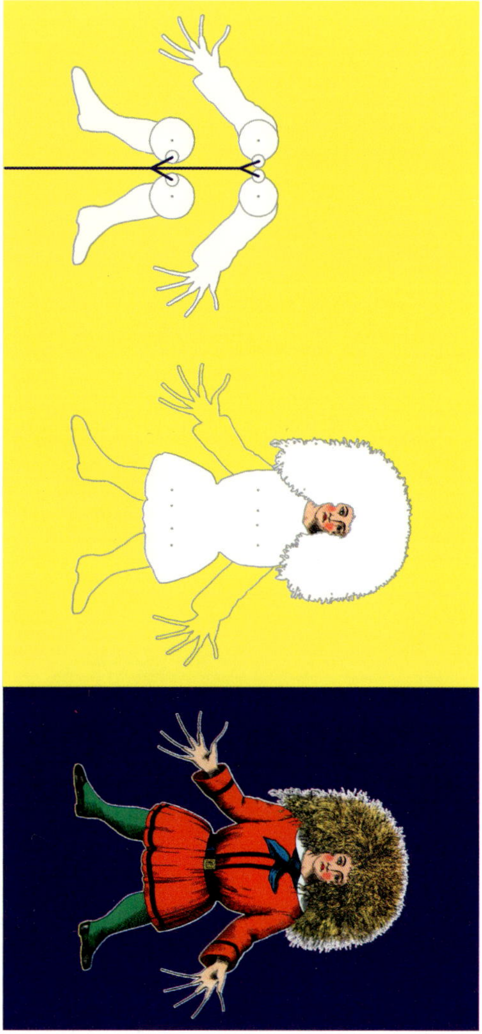